うちは「問題」のある家族でした

HOW TO SURVIVE
A PROBLEMATIC
FAMILY

菊池真理子

MARIKO KIKUCHI

KADOKAWA

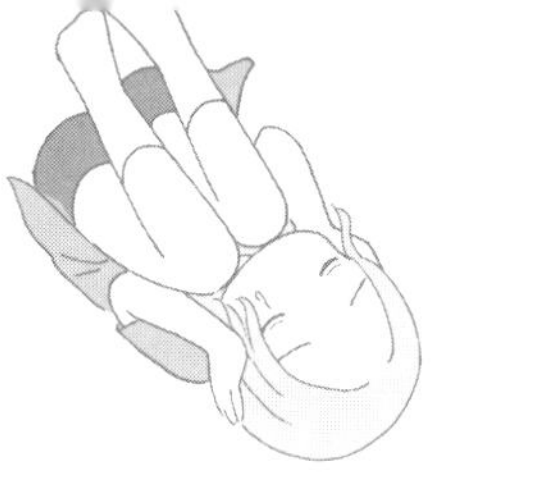

CONTENTS

BANK
CREDIT CARD

黒川摩耶(仮名)
病院で薬剤師
やってます
でも父は
おかしな団体にハマり
反医療に染まってます

CASE.1

反医療

|薬剤師|

黒《くろ》川《かわ》摩《ま》耶《や》の場合

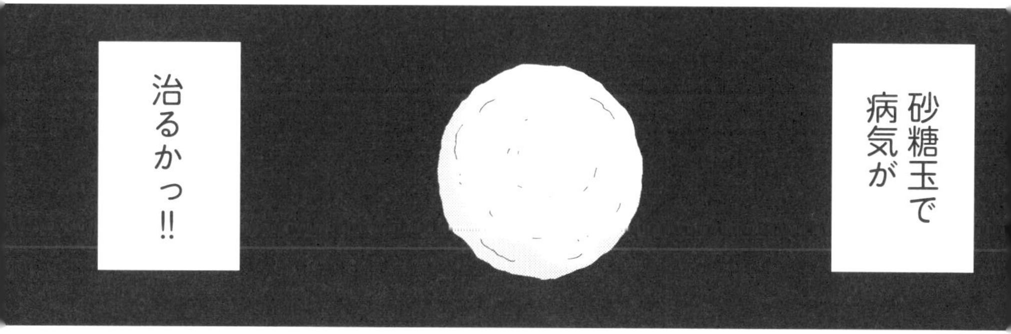
砂糖玉で
病気が
治るかっ!!

反医療

医学や医療に対する不信感や拒絶を示す行動や態度を指す。具体的には、ワクチン接種の拒否、医師の診断や治療の拒絶、医学的根拠のない代替医療への過度な依存など。これにより、予防可能な病気の蔓延が増加するリスクがある。また、治療の遅れや不適切な治療で個人の健康被害が拡大し、ひいては社会全体の公衆衛生にも深刻な影響を与える可能性がある。

もっとも私が小さい頃はそっちじゃなくて
ママー パパはー？
パパは〝別邸〟よ
浮気の方だけにハマってたみたいなんだけど
べってい？
は～
デキ婚なんかしなきゃよかった…
できこん？
もーうるさいっ
新しい言葉教えてよ
いいからあっち行ってなさい！
父はほとんど家におらず母はカリカリして
ちぇっ
たまに両親がそろっても
パパ遊んでー
疲れてんだよ
パパ起業して忙しいんだから

ママ大好き〜
ふふふ あんたは素直で可愛いね
むず
ぽかっ
なーんか私も もやもやしてたのを覚えてる
父が本格的に反医療にのめり込み出したのは私が小3の頃
きっかけは知らん
摩耶 風邪ひいたんだって？
あれ パパいたの？
いいものあげるよ
コロン
何これ 甘い
薬？
薬じゃない
砂糖に免疫力をあげるエッセンスをしみ込ませたもの
それまでも風水の置物くらいはあったけど

さらに一歩
進んじゃった
感じ
薬は体に
毒だからね
幸い私は
丈夫だったので
治った!
2日間
寝てたから
やっぱ
効くなあ!
あまり
砂糖玉の世話には
ならずに成長した
摩耶
公立中学より
私立の方が向いてると
思うのよね
中高一貫のとこ
行かない?
入学案内
いいよ
塾楽しいし
最高偏差値の
中高一貫
有名女子校に
合格したとこまでは
よかったけど
やば〜
まわりが
頭良すぎて
ついてけない
暗黒時代が
幕を開けた
部活内も
ギスギスしとる!

家では父が
謎の自己啓発セミナーに
通い始め
今日も
カノン様のおかげで
高次元の存在と
つながることが
できるよ
星のみちびき
己を解放し
己をわかちあう
いって
きます
どういう
意味だ
あの
カノン様ってのが
浮気相手かも…
えっ
セミナーに
いるの!?
この頃は
別邸の意味も
知ってた私
らしい
どんな相手か
拝んでくるわ!
だっ
ちょ……!
帰宅した母
まさかの
ママも
ヘブンリー
チャイルド
なんだって♬
ミイラ取りが
ミイラ展開
それからは
週末になると
連れ立って
セミナーに行き
実験したら
ドリアできた
わーい
私と妹は
ふたりぼっち

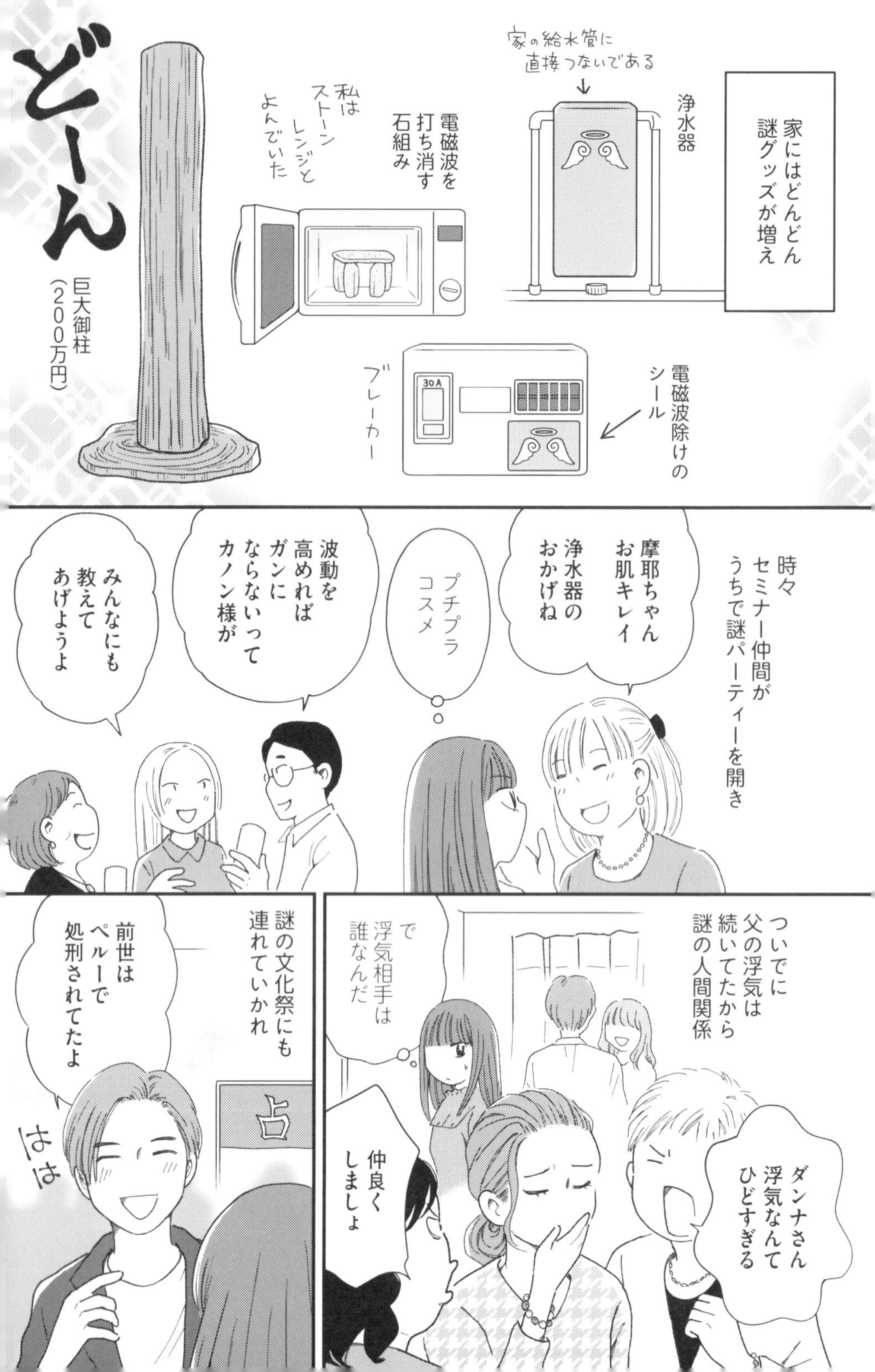
家にはどんどん謎グッズが増え
浄水器
家の給水管に直接つないである
電磁波を打ち消す石組み
私はストーンレンジとよんでいた
どーん
巨大御柱（200万円）
電磁波除けのシール
ブレーカー
30A
時々セミナー仲間がうちで謎パーティーを開き
摩耶ちゃんお肌キレイ浄水器のおかげね
プチプラコスメ
波動を高めればガンにならないってカノン様が
みんなにも教えてあげようよ
ついでに父の浮気は続いてたから謎の人間関係
で浮気相手は誰なんだ
ダンナさん浮気なんてひどすぎる
仲良くしましょ
謎の文化祭にも連れていかれ
前世はペルーで処刑されてたよ
はは
占

子どもながらに
苦痛…
だった
こんな家
友達
呼べないわ
インテリアだと
ごまかせない御柱
——まあ
友達あんま
いないけど…
私ちょっと
浮いてたのか
学校でだんだん
いじめられるように
なってて
ねえ
あっち
行こ
あはは
きゃはは
高校生に
なる頃には
チチ
すぱっ
リストカットを
始めてしまった
痛みと
血の赤さで
嫌なこと
忘れられる

ガチャ
フイ
母はシカト
父はいないから
私が切ってたこと
知らないと思う
学校なんか
行きたくなかったけど
休ませてくれないし
失礼
しまーす
保健室
包帯
くっついちゃって
はがれな～い
てへ
あれ また
切っちゃったの
どれどれ
処置しよ
～ってて
あてて…
今日
生理2日目…
いつも
重いねえ
黒川さん 一度
婦人科
行ってきな
それで
良くならなかったら
精神科も行ってみない？

病院？
そ
学校と提携してるとこ紹介する
……うん
傷だらけの腕を見ても大騒ぎせず
淡々と医療につなげてくれたから
母の反対も押し切って通院する気になれたんだと思う
おくすり
黒川摩耶さま
精神科では抗不安剤と睡眠薬が出た
ピピピ
アラーム
6：30
いつも不眠なのに爆睡してた
薬すっっっご!!
なんでこんな効く!?
どう作用してんだろ!?
薬学への興味が爆発したのはこの時

ただ当然
学校のトラブルは
なくなってないし
父も変わらずで
腹痛には
温灸器
ほかほか
救急車
よんでし〜
胃腸炎
だった
娘が
子宮頸がん
ワクチンで
病気になる姿
見たくないから
スマホに
このシール
貼って
父親ヅラ
してるつもり…？
リストカットも
やめられなかったし
薬の
オーバードーズも
するようになった
大量に薬飲んで
腕切って寝る——……
理解されないかも
しれないけど
それだけが
死なないための
方法だった
でも
今思えば
保健の先生や
休ませてー
いらっしゃい
数少ない
友達
ストーン
レンジって
電磁波
消したら
食品は
温まらんぞ
のちに
機械工学の道へ
傷の治りが
早すぎる
現・外科医

それから
高2、3年の時の
担任の先生
薬剤師に
なりたい？
ムリっスかね
成績ビリじゃ
他の先生に
笑われました
ってことは
薬学部
いいわね
やりたいことが
あって
彼女たちの存在も
踏みとどまる足場に
なってくれてたん
だろうな
薬学部進学は
当然反対されたけど
この学校
漢方が強いの
こっちは
薬草園が
広〜〜い♬
ゴリ押しで
納得させて
無事に入学
これで
薬への愛を
語り合う仲間が
できる
実際はそんな人
いなかった
薬剤師なら
食いっぱぐれない
もんねー

リスカは
しばらく
してたけど
ゴン
化粧水のビン
のちに
痕が残らない
方法に変えた
OD《オーバードーズ》は
薬学部に
入ったら
やめられた
大学2年の頃には
あのカノン様が
標準医療を拒んで
ガンで亡くなり
カノンさま〜っ
セミナーは
空中分解
その後
父と数人は
別のところに
通ってたけど
健康道場
母はそこまで
傾倒して
なかったのかな?
父の愛情を
取り戻したかった
だけだったのかな?
結局
ふたりは別居して
るらら〜
すんごい
機嫌よくなってる
大学6年
国家試験の直前
父から
この健康食品送ります。
吸うとよく眠れて
頭がスッキリするよ。
試験ファイト☺
薬機法スレスレ
ってか
ヘタすりゃ捕まる!
たまたま私が
健康だっただけで
こんな親に
殺される子どもも
いるんじゃないの…!?
縁を
切ろうかなと
思う

しばらくして 両親は離婚
父には 5000万円の 借金があったそうだ
離婚届
薬剤師になって 1年後 結婚する ことになり
一応 両親も呼んだ
でも父が 結婚生活の心構えを 説教しようと してきたりして
もうムリ！ 絶縁！
以来 会っていないけれど 夫は理解してくれている
最近は何も 言ってこない？
うん
数秘術にハマって イスラエル行ったたって 妹づてに聞いたけど
それよりさ 生理遅れてて…
えっ ピル 飲み忘れた？
ちゃんと 飲んでるけど 遅れてる…
大丈夫そう？
ダメ…かも…

じゃあ
検査薬
買ってくるね
待ってて
夫とは
子どもを持たない
選択をしてる
母も私ができた時
こう感じたんだろうな
妹は
望まれて
生まれたけど
私は違う…
まだとっさに
切りたくなる
こともある
でも今も
通い続けてる
精神科
この薬だと
眠りすぎちゃうので
あっち試していいですか？
いいよー
薬剤師って
知ってる
ほぼ
カンファレンス
最近は
カウンセリング
も受けて
自傷は
嗜癖《しへき》(※)の面も
あるかもね
(※)アディクション。やめたくてもやめられない
有害な習慣
あ
腑に落ちる…
医療や
夫や
職場の人にも
助けられて
ちゃんと
生きている
陰性
だった〜
患者さんと
関わるのも楽しい
ほかに
飲んでる薬
ありますか？

薬っていうか これ
神様のパワーが 込められてて 病気が治ったっていう 報告がいっぱいあってね
予防のために 子どもにも 飲ませてるの
お薬との 飲み合わせが あるので
成分確認 しますね
でも こういうことがあるたび もやっとする
うん 毒にも薬にも ならん
あやしいものほど 治る 効くって 言い切るから
この手が なくならないいん だよね
あの患者さんの 子ども… ちゃんと医療に かかれるのかな…
子どもを 不幸にする要因 本当にたくさん あるけれど
医療従事者として こんな体験をした 私だから伝えられることを 発信していきたいと思う

最近は学会発表や仕事で講演もしてる
20代なのに頑張ってるな！

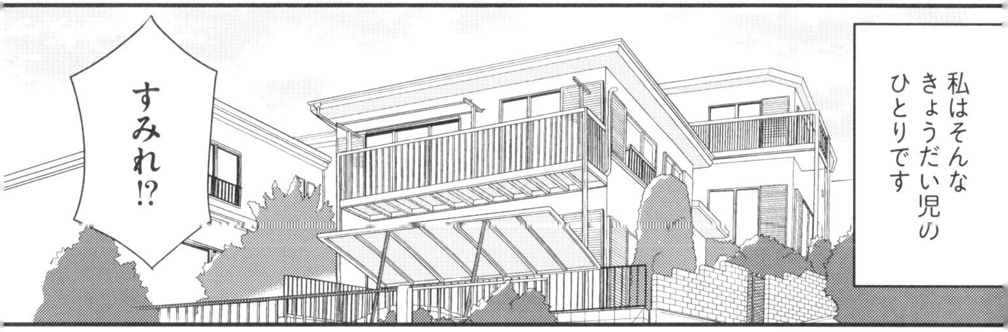

きょうだい児

障害や病気のある兄弟姉妹がいる子ども（人）のこと。幼少期から、家庭内外で特別な負担や役割を期待されることが多く、自己の生活や感情を抑えることがある。「障害に関する知識を得られた」などポジティブな経験を語る声がある一方で、いじめ・進路・結婚・出産・親なき後といったことなどで悩む人も少なくない。現状、社会的なサポートは十分とは言えず、心理的なストレスや孤立感を抱えることもある。

わぁあ
あああん
どうしたの!? 何があったの!?
私のおもちゃ箱にうんちされて
お父さんが全部捨てないとダメだって〜！
ええっ!? ちょっとお母さんがいないだけで…!!
ぎゃあああ
わぁあん
あああ
ああ
2歳年下の弟は重度知的障害を伴う自閉症
自閉症特有の独自の「こだわり」があり
リモコンの位置が1センチずれたとか
自分以外がガラスのコップを使ったとかで
癇癪を起こします
しっかりみててよ！
ばしっ
静かにしろっ

やめて！叩いたってわからないんだから！
お前ももう泣くな！
ぱんっ
！
わぁ〜ん お母さ〜ん
はいはい
お父さんがあおもちゃがあ
わかったから後にしてっ
でも私の…
ぎゃあぁぁあ
もうっ障害があるんだから仕方ないでしょ！
物心ついた時から我慢が当たり前の生活でした
それでも小さい頃は一般の姉弟と大差なく
あれ買ってし〜
似てる
弟の味方でいようとしてたと思います
待って〜
大丈夫かな
同じ幼稚園

気持ちが変わってきたのは小2くらいから
例えばたまの家族旅行
(弟が旅館の網戸を破壊して以降父の友人の宿にしか行けないのですが)
行くぞすみれ
はーい…
弟の面倒はほとんど母が見ていたので
私はいつも父と男風呂
男の人って毛がもじゃもじゃで怖いな…
学校でも
弟って1年何組?
えっと障害があるから別の学校に行ってて…
この説明何度目だろ
弟がいるせいでほかの子と同じ生活じゃないんだと感じるようになりました
友達呼んでリビングでテレビゲームとかできないしなあ…

もちろん
弟は悪くないって
わかってるけど
勝手に
いじらないで
ペしっ
お父さんには
叩くなって
言うのに…
お母さん
あのね
今日の
テストね
ちょっと
待ってよ
あっちで
ゲームしてて
うぉおおん
いつだって
適当に
あしらわれて
ああ～
ちぇ
ただいま
今日は普通に
学校行った？
ちょっとだけ
暴れたわ
お～
お父さん
今日の
テストでね
最近パニック
多いなあ
お父さん！
あ
なになに？
うん90点？
あと10点取れないの
ゲーム脳だからだぞ
考える力が
ないのよね
たまに
かまわれても
「からかい」
という形
親は
可愛がってる
つもりだったかも
しれませんが
私はとても嫌でした
算数　雪代すみれ　90

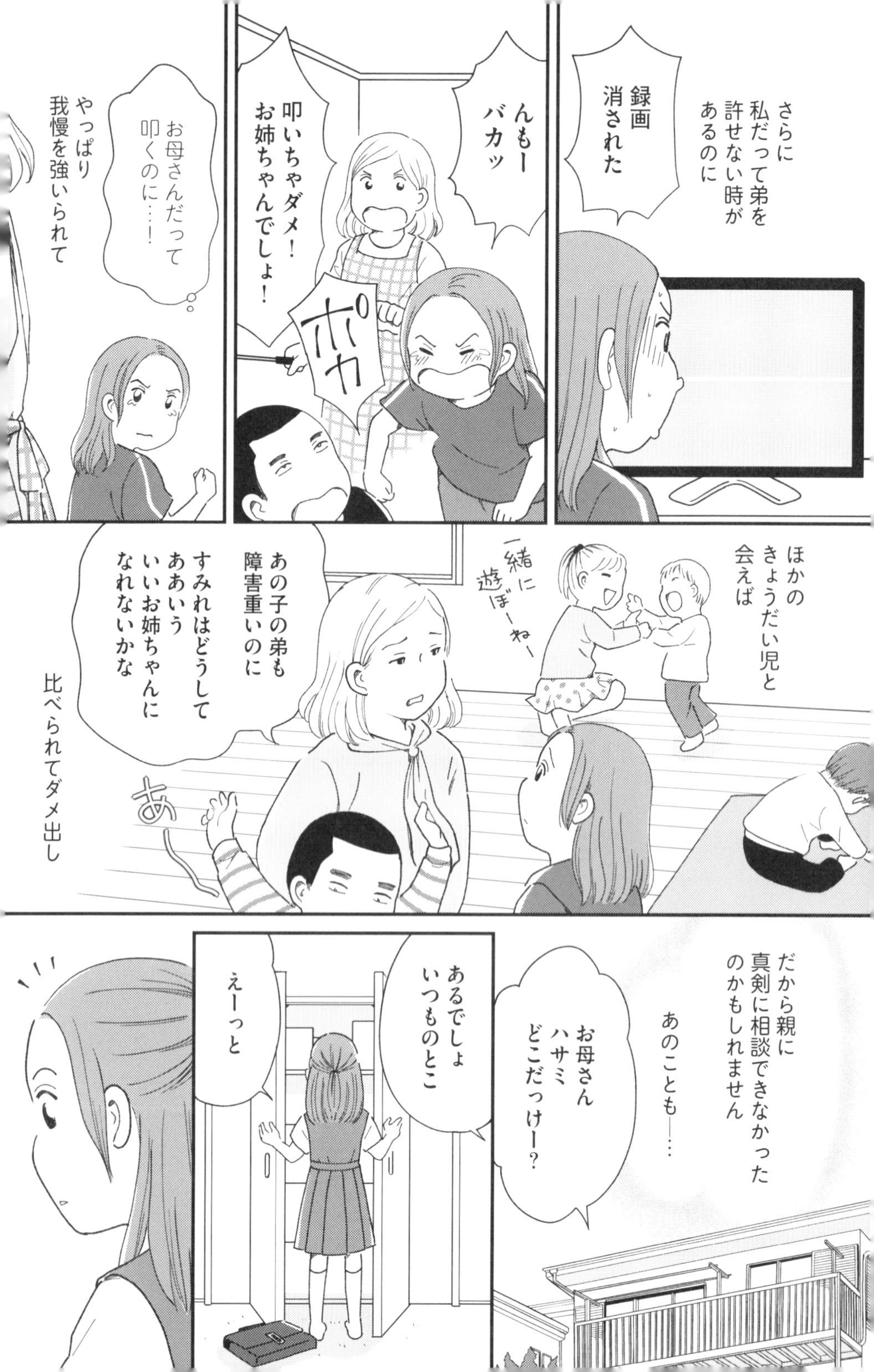
さらに
私だって弟を
許せない時が
あるのに
録画
消された
んもー
バカッ
叩いちゃダメ！
お姉ちゃんでしょ！
ポカ
お母さんだって
叩くのに…！
やっぱり
我慢を強いられて
ほかの
きょうだい児と
会えば
一緒に遊ぼーね
あの子の弟も
障害重いのに
すみれはどうして
ああいう
いいお姉ちゃんに
なれないかな
あー
比べられてダメ出し
だから親に
真剣に相談できなかった
のかもしれません
あのことも――…
お母さん
ハサミ
どこだっけー？
あるでしょ
いつものとこ
えーっと

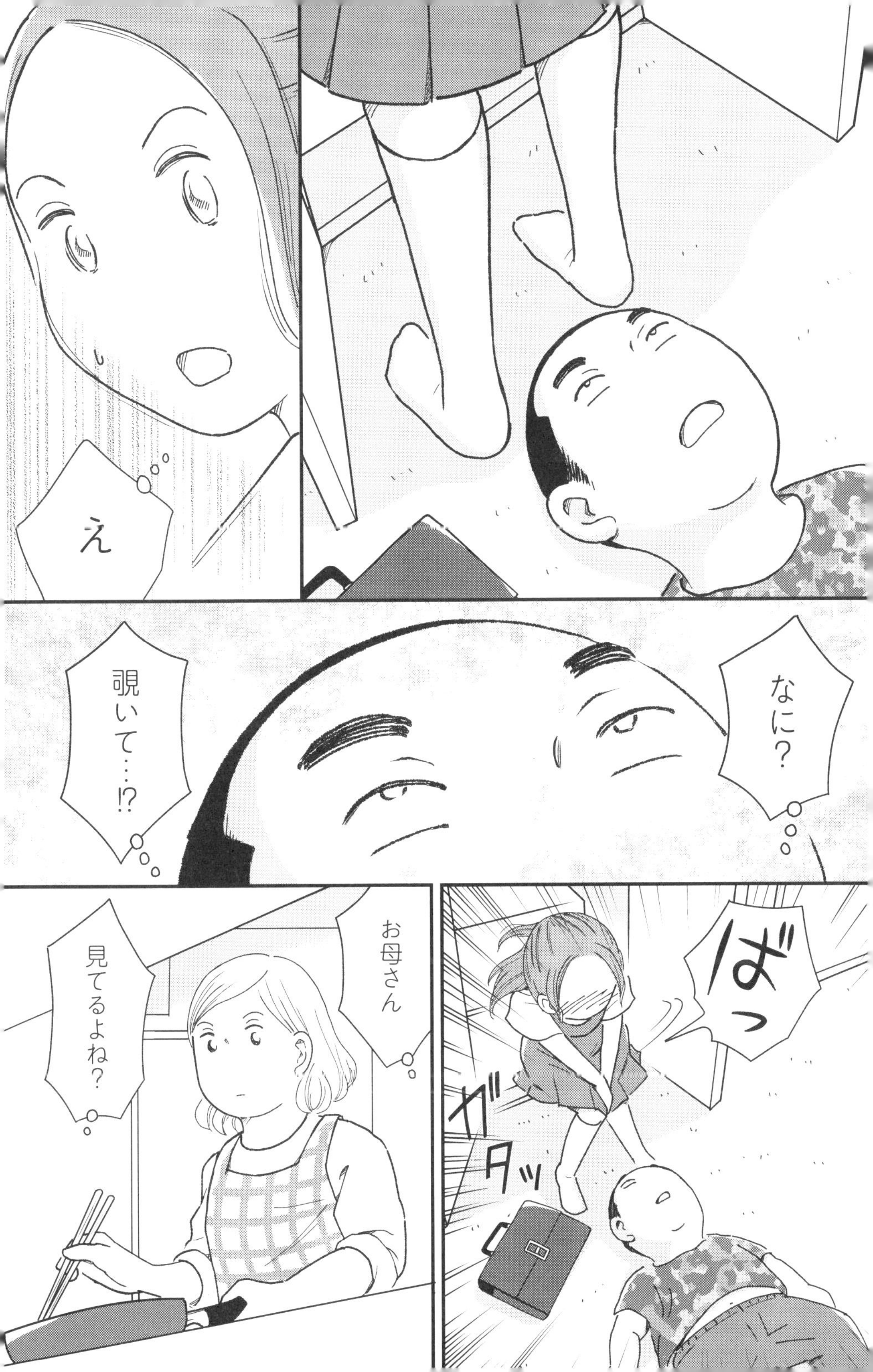
え
なに？
覗いて…!?
ばっ
ガタッ
お母さん
見てるよね？

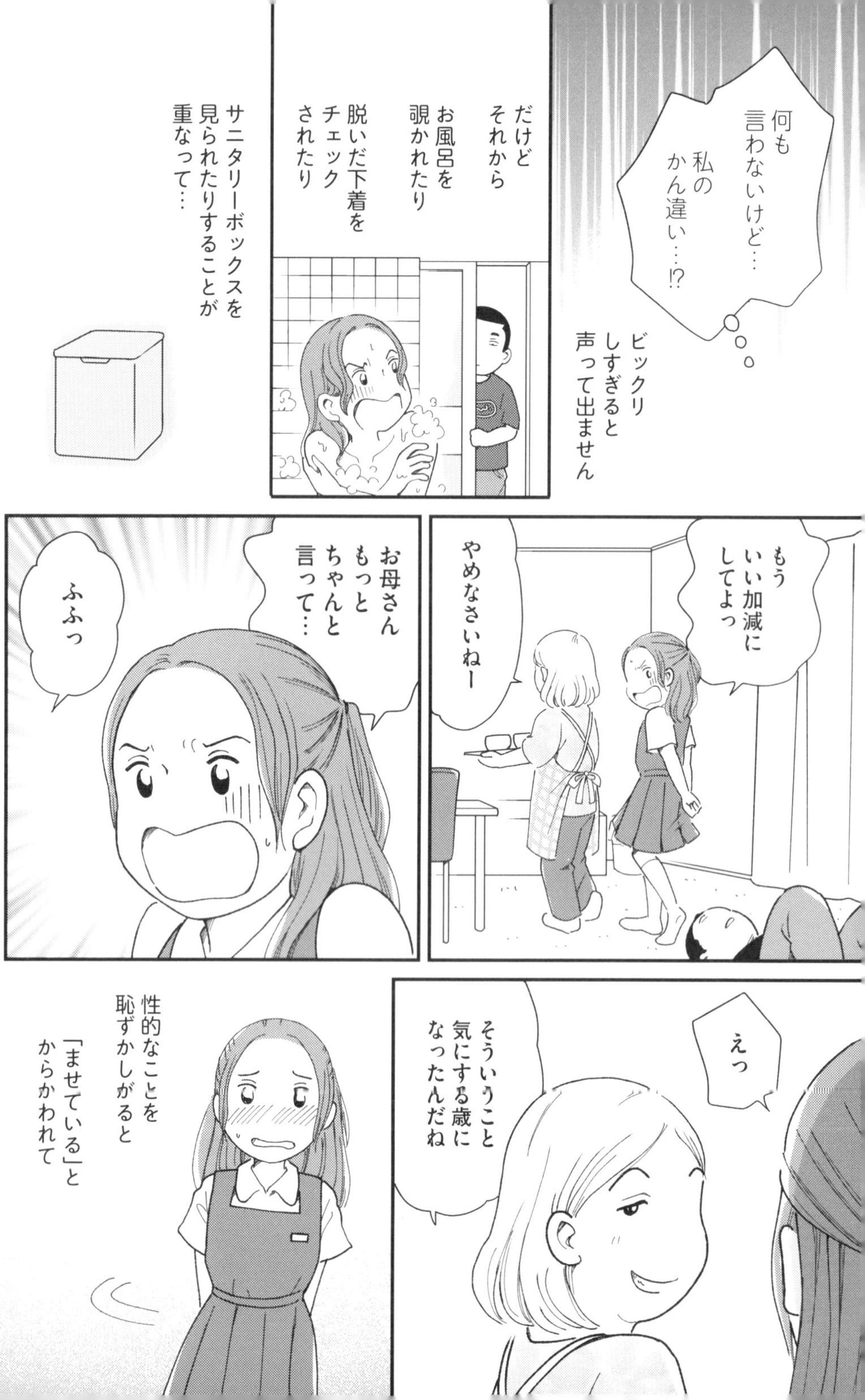
何も言わないけど…私のかん違い…!?
ビックリしすぎると声って出ません
だけどそれからお風呂を覗かれたり
脱いだ下着をチェックされたり
サニタリーボックスを見られたりすることが重なって…
もういい加減にしてよっ
やめなさいねー
お母さんもっとちゃんと言って…
ふふっ
えっ
そういうこと気にする歳になったんだね
性的なことを恥ずかしがると
「ませている」とからかわれて

我慢するしか
——…ないんだ…
諦める以外
ありませんでした
それでも
すっ
痴漢…!
びくっ
弟と
同じ目してる!
どうしても弟を
気持ち悪いと
感じてしまって…
弟の
その行動は
数年で落ち着いて
いきましたが
高校に入ってからは
バイトしたりして
家族といる時間を
ずらすように
しました
あいつ
「こだわり」で
食べ過ぎて
その後
食卓で吐くし…
見たくないんだよね…

だけど
同時にその頃
両親の仲が悪くなり
専業主婦のくせに
なんでこんなに
オカズが少ないんだ
何もしないくせに
外では
「障害児の親です」って
人格者ぶってむかつく!
ばしん
ふきん↓
ちゃんと
しなさい
うるさい
早く
黙らせろ
また
ぶってる
いや
弟の自傷の音?
!!
母の愚痴を
聞いたりも
していました
ポン
私は
放っておかれたのにって
思うようになったのは
だいぶ
後のこと
大学卒業後
公務員に
なりましたが
働き始めてすぐ
ひどい
セクハラに遭い
きゃ
さわっ

お母さん
私…
セクハラされた…
ぷっ
え？
何がおかしいの!?
べっつに〜
大袈裟だな〜と
思って〜
ふふふ
この時もまた
真剣にとりあって
くれない母…
お〜
職場には
数年
耐えたけれど
メンタルを
崩して休職
診断は
パニック障害でした
診断
休職中に
自分の領域を守るため
部屋に鍵をかけ
始めましたが
…!!
鍵忘れた
あんたが
悪いよ
ぐちゃ
たまっていた
ものが溢れ
その後
家を出て
ひとり暮らしを
引越の角川

家ってこんなに静かなんだ…!!
きょうだい児について詳しく知ったのは
公務員を辞めライターになりその取材をしてから
性的なことで嫌な思いをしたきょうだい児もたくさんいます
私だけじゃないんだ
障害児の性教育は当然必要なのに
日本は一般の性教育も遅れていますからね

お母さんにも知識がなかったんだな
弟が大人になっても一緒に裸でお風呂入ってた…
異性の親は着衣して入浴介助すべきですよ
そもそも家族の負担が大きすぎるみたいだし
でもその一方で…
カウンセリングルーム
弟のことがなかったにしても
両親が私にしていたことは変だったと思うんです
私もそう思いますよ
ずっと弟のことを可愛いと思えなくて
自分は冷たい姉だと罪悪感を抱いていました
だけど知識が増えるたび
私は悪くないと思えるようになってきたのです

母が体調を崩し弟をグループホームに入所させた後
しばらくして両親は離婚しました
弟の存在でしか結びつけなかったふたりだったのでしょう
「親は半生きょうだいは一生」という言葉があります
弟が生まれるまでは「普通」の人生を送っていた親たちのことは正直うらやましい
もちろんきょうだい児にもいろんな人がいます
障害のある兄弟姉妹が可愛くてしかたない人
一生関わりたくないと願う人
私が今家族に対して持つ感情は
「無」です

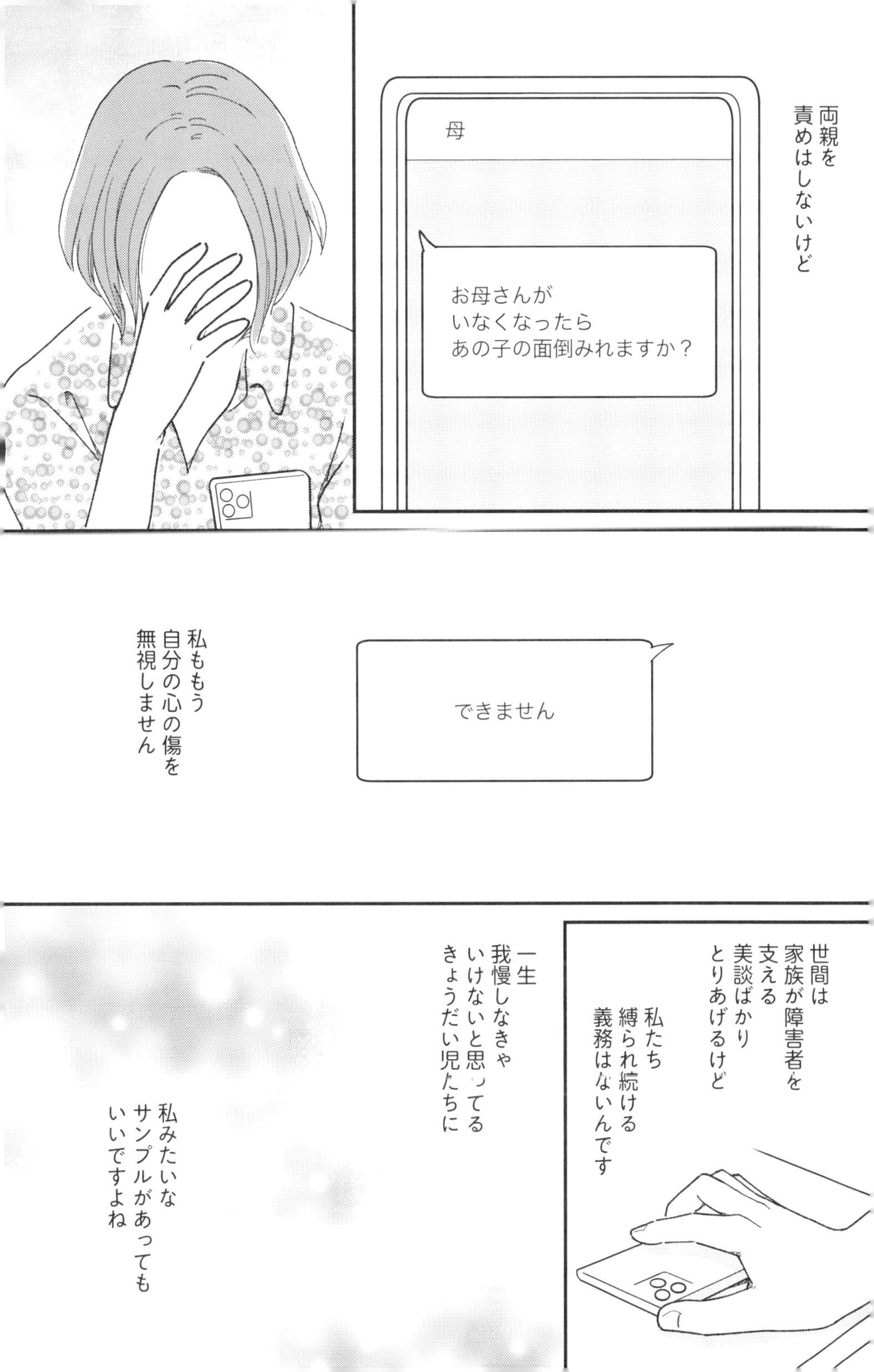
両親を責めはしないけど
母
お母さんが
いなくなったら
あの子の面倒みれますか？
できません
私ももう自分の心の傷を無視しません
世間は家族が障害者を支える美談ばかりとりあげるけど
私たち縛られ続ける義務はないんです
一生我慢しなきゃいけないと思ってるきょうだい児たちに
私みたいなサンプルがあってもいいですよね

最近は議員相手にきょうだい児の説明をしたりもしています
ついでに減税もお願い♡
減税して♡
作った

2年前に「マルチ被害をなくす会」を立ち上げた朝比ライオです
会にはいろいろな立場の方が参加してくれますが
僕自身は母がマルチ商法にハマっている「マルチ2世」です

CASE.3

マルチ2世

|会社員|

朝比《あさひ》ライオの場合

朝比さんお招きありがとう〜！

マルチ2世

マルチ商法に関わる親を持つ子どものこと。親がマルチ商法に多額の資金を投じて家庭の経済状況が不安定になったり、マインドコントロールされた親が家族に製品を押し付けたり勧誘したりすることで、子どもの心理的な負担が大きくなる。絶縁や離婚など家族関係が破壊され、子どもが健全な社会関係を築くことが難しくなることもある。宗教2世問題との類似性が非常に高い。

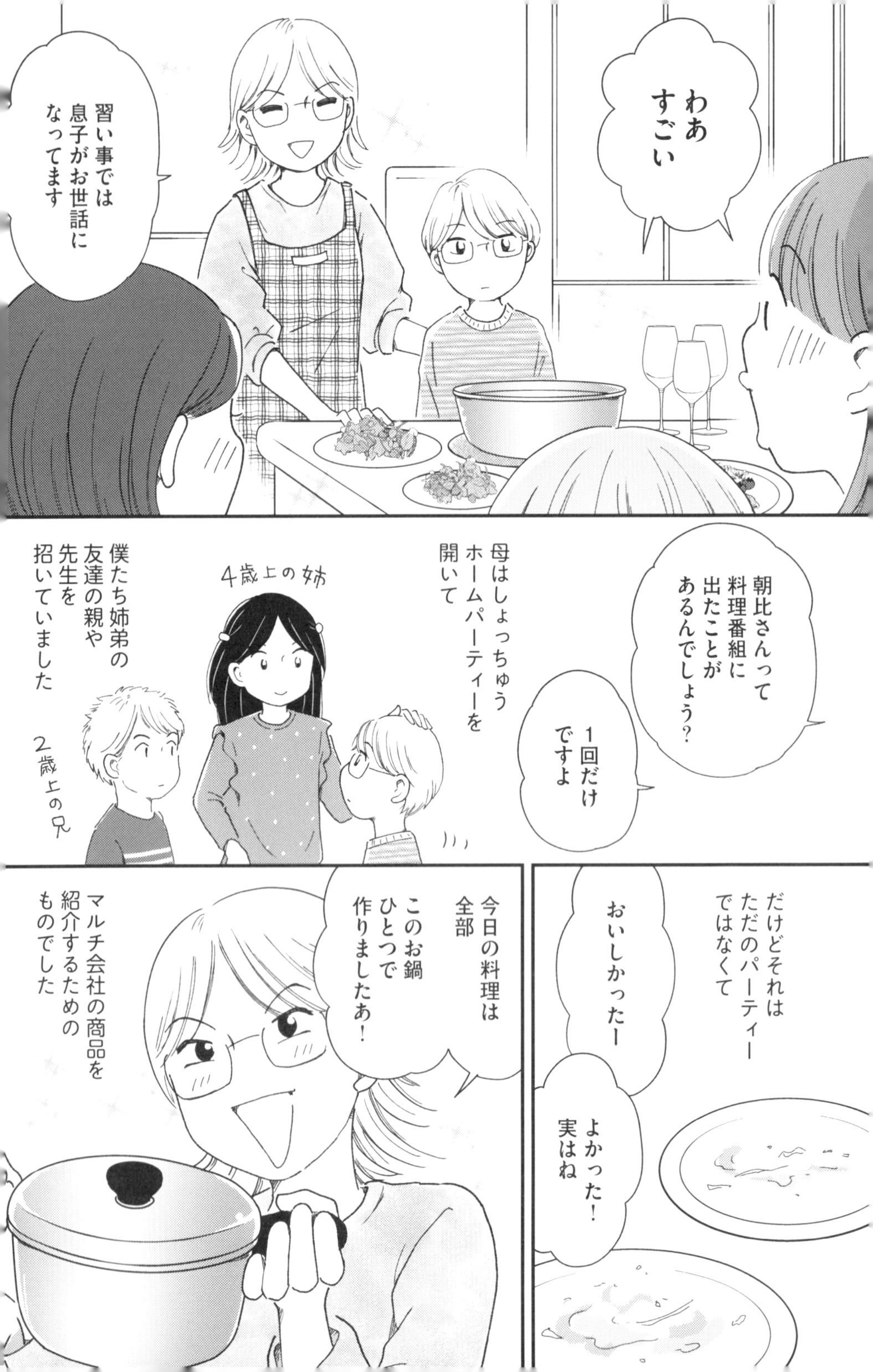
わあ
すごい
習い事では
息子がお世話に
なってます
朝比さんって
料理番組に
出たことが
あるんでしょう?
1回だけ
ですよ
母はしょっちゅう
ホームパーティーを
開いて
4歳上の姉
僕たち姉弟の
友達の親や
先生を
招いていました
2歳上の兄
だけどそれは
ただのパーティー
ではなくて
おいしかったー
よかった!
実はね
今日の料理は
全部
このお鍋
ひとつで
作りましたぁ!
マルチ会社の商品を
紹介するための
ものでした

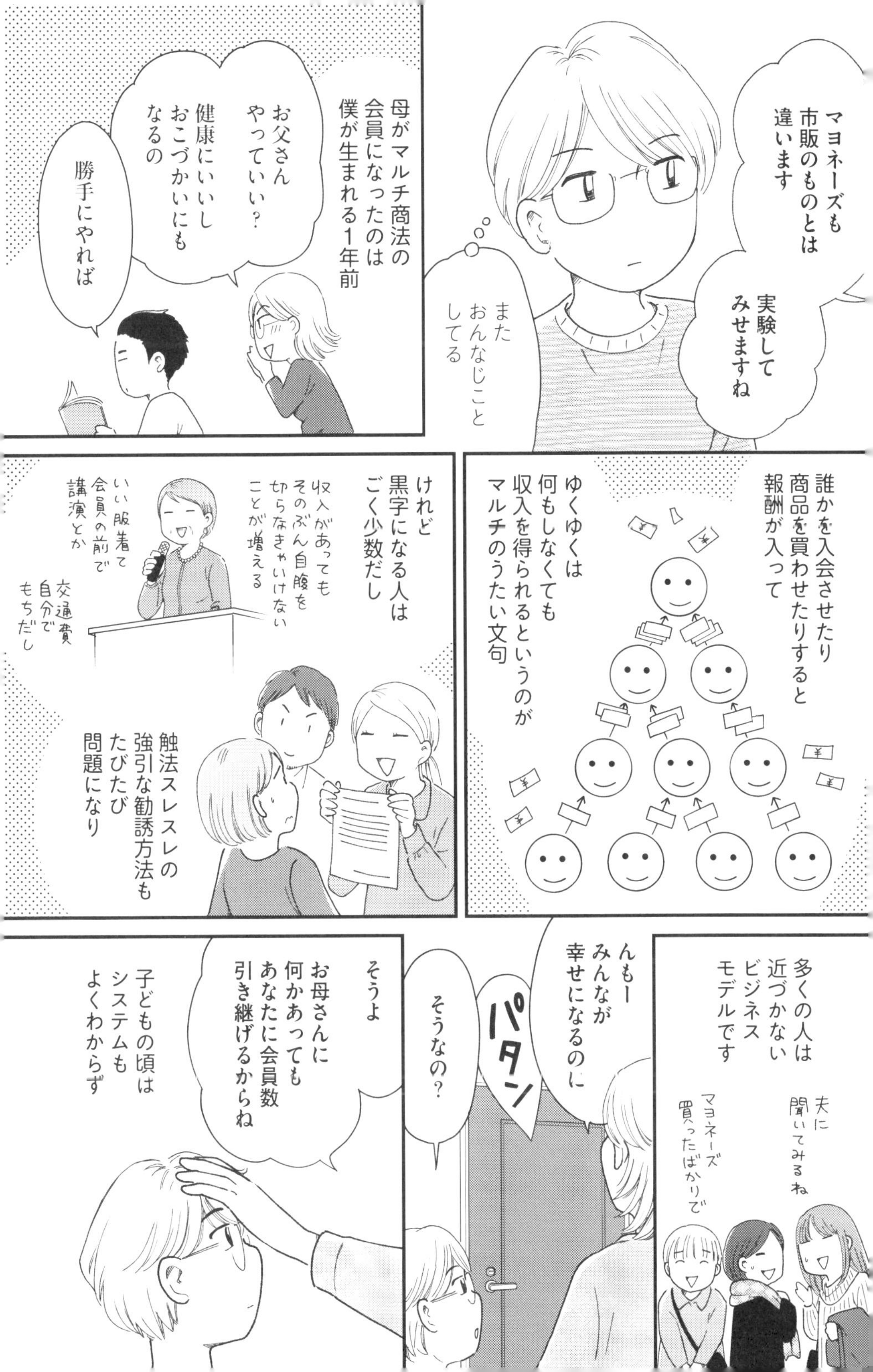
マヨネーズも市販のものとは違います
実験してみせますね
またおんなじことしてる
母がマルチ商法の会員になったのは僕が生まれる1年前
お父さんやっていい？健康にいいしおこづかいにもなるの
勝手にやれば
誰かを入会させたり商品を買わせたりすると報酬が入って
ゆくゆくは何もしなくても収入を得られるというのがマルチのうたい文句
けれど黒字になる人はごく少数だし
収入があってもそのぶん自腹を切らなきゃいけないことが増える
いい服着て会員の前で講演とか
交通費自分でもちだし
触法スレスレの強引な勧誘方法もたびたび問題になり
多くの人は近づかないビジネスモデルです
夫に聞いてみるね
マヨネーズ買ったばかりで
んもーみんなが幸せになるのに
パタン
そうなの？
そうよお母さんに何かあってもあなたに会員数引き継げるからね
子どもの頃はシステムもよくわからず

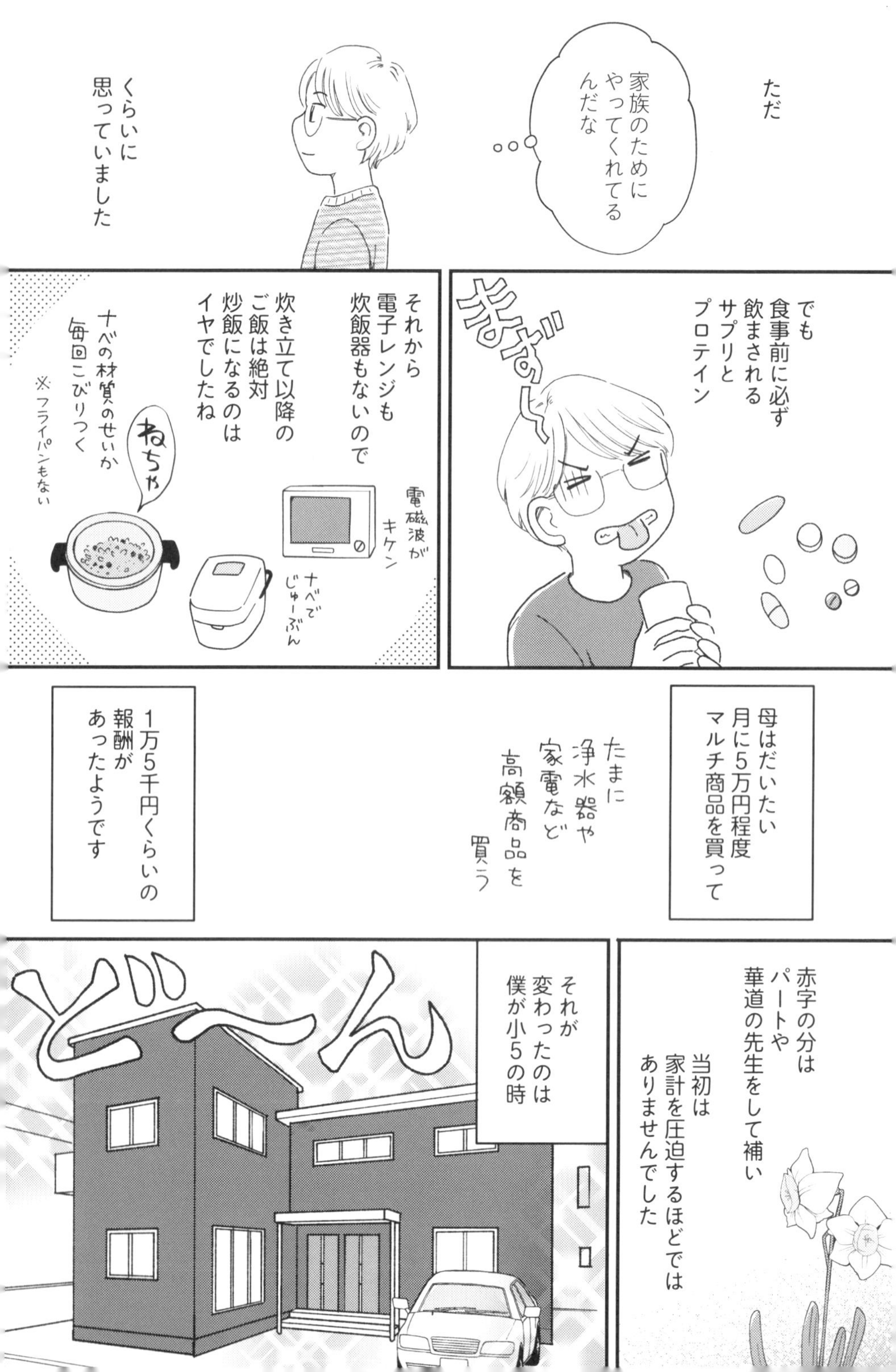
ただ
家族のために やってくれてる んだな…
くらいに 思っていました
でも 食事前に必ず 飲まされる サプリと プロテイン
それから 電子レンジも 炊飯器もないので 炊き立て以降の ご飯は絶対 炒飯になるのは イヤでしたね
電磁波が キケン
ナベで じゅーぶん
ねちゃ
ナベの材質のせいか 毎回こびりつく
※フライパンもない
母はだいたい 月に5万円程度 マルチ商品を買って
たまに 浄水器や 家電など 高額商品を 買う
1万5千円くらいの 報酬が あったようです
赤字の分は パートや 華道の先生をして補い
当初は 家計を圧迫するほどでは ありませんでした
それが 変わったのは 僕が小5の時
どーん

母の願いで
巨大な
二世帯住宅を
建てたのです
リーダーに
指導された
夢リスト
さっそく
ひとつ
叶ったわ
リーダーとは
母を勧誘した
張本人で
一般会員の
崇拝の対象
この頃 母は
リーダーと一緒に
マルチ本社のある
海外まで視察に
行きました
医者の妻
もっと
頑張れば
ローンなんて
あっという間よ
しかし
モチベがあがった理由は
これだけではなく
僕が中学に
入ったと同時に
父が失職したせいでも
あります
父も仕方なく
マルチを始め
ふたりは
勧誘 セミナー
リーダー宅での
パーティーや研修と
ほとんど
家にいなく
なりました
ただいま
し〜ん

二世帯住宅を建てたのに母の両親は移り住んではきていません
どさっ
冷たい…
もそもそ
マルチが絡んで両親の仲はどんどん悪くなり
ちゃんと目標立てろってリーダーが言ったでしょ
お前だって達成できてねーじゃん
学区のこともあって高校3年間は母方の祖父母の家に住みました
ごめんねあったため直しで
ほかほか
塾の費用などを全額出してくれたのも祖父です
しばらくして父は再就職したようですが
ちょっとこれ見て！

えっ
探偵に撮らせたの お父さん 浮気してんのよ
僕が大学に入る頃には家は泥沼の様相
お母さんも不倫してたよ…
こそっ
両親は別居後
父が出ていった
家裁までいって調停離婚しました
いずれ離婚するだろうと思ってたけど
僕の学費がいくらかかるかハッキリしたタイミングで調停がついたのか
金…
ねえ リーダーが大学の入学祝いくれたよー
マルチのキッチンバサミ（2本目）
もちろんこの頃はマルチの闇を理解していたのですが
いらない…
それでさ 奨学金だけど
ちょっとだけ貸してくれない？

マルチ2世の被害は成人してからが本番といわれます
家のローンが大変でね
自分で稼いだ金じゃないし
親戚みんな貸してるみたいだし
うん…いいよ
二十歳になったら会員になれるので僕もリーダーのセミナーに連れて行かれるようになりました
パチ
もっと多くの人にこの素晴らしさをひろめスペシャル会員になります！
パチパチ
こうやって染められるのか…
その頃結婚して子どもが生まれた姉はもっと揉めていて
サプリ飲まないから産後そんなに痩せたのよ
どうして鍋使わないの
布オムツにしなさい
あんたじゃダメお母さんが育てる！
子どもまでとられそうになり
マルチやめないなら絶縁する!!

母は
マルチをとりました
初孫
あんなに
可愛がってたのに
どんどん家族が
バラバラに
なっていく
大学2年からは
バイトをしながら
ひとり暮らしを
就職した後は
遠い場所に住んで
母と距離を
とりましたが
マルチ商品は
しょっちゅう
送られて
くるけど
母
リーダーの言葉です。
しあわせの種をもらったんだとしたら、それを自分で蒔いて、自分で育てましょうね。
今日もニコニコ夢に向かって
1歩前進!!
また
リーダーの
話か…
今日もニコニコ夢に
1歩前進!!
それとまた
10万円
お願いします。
ポン
兄は毎月5万
ボーナス時は
15万円
僕は頼まれた時に
送金するように
なりました
了解

家のローンだけでなく
マルチに
つっこまれることは
わかっていましたが
金で面倒事を
遠ざけたかった
のです
たった数年で
兄と僕が
貸した金額は
1000万円に
26歳
僕も結婚する
ことになり
式の前日
ひとりで実家に
帰りました
お帰り
この間
リーダーに
教わったの
デモンストレーションの
練習するから見てて
市販のマヨネーズは
水に溶けませんが
こちらは
ま〜あ
ご覧の通り〜〜！
社会人になると
よりわかる
しゃべりの下手さ
ずっと
同じこと
やっててさ

どうだった？ 今度 会社の人連れてらっしゃいよ
いやいやいや
それと
ごそ…
あなたも一人前になるんだから
ネットワークビジネス
入会届
それまではのらりくらりと逃げていたのです
式の前日に
揉めたくない…
僕たちがマルチに困っていることを知ってるのに連絡もしてこない父には結婚の報告はしていません
ネットワークビジネス
入会届
結婚後 妻のアドレスは母に教えず
僕を通して
可愛くない嫁ねえ！
100％勧誘する…
ごめん妻…

数か月後
母
今月も
お願いします。
…もう自分だけの
金じゃないしな
あのさ
母に
10万くらい
入れていい？
へっ？
なんで親に
お金
渡してんの？
なんで…って…
――……
自分のしてることが
変かもと
初めて思った瞬間です
頭を整理したくて
カウンセラーに
相談
自分は一生
お金に困るん
だろうなとは
思ってます
でもほかはまあ…
こうして生きてる
わけですし…
いや
それ
お母さんが
悪いですよ

…
朝比さんは家族が崩壊しないよう
まわりに被害が及ばないよう
我慢して先回って苦労してきたんですね
あなたはマルチとお母さんの被害者ですよ
母がこれまで勧誘できたのは身内を含めてたった20人ほど
兄と一緒にここ数年間のマルチの収支表を作り
家の評価額と小さな中古物件の価格も見せ大揉めの末 なんとか家を売らせることに成功
金の問題は一段落つきました
娘もふたり生まれ
生活も僕の心もだいぶ落ち着き

ようやく人にマルチのことを話せるようになりました
家の中大型家電以外全部マルチの商品でさ
へ〜
が
でも親がマルチやっててても子どもには関係なくね？
あまりにも世にマルチの問題が知られていないことに衝撃を受け
2022年に「マルチ被害をなくす会」を立ち上げたのです
あったかいご飯が食べたかったです
2世あるある！
借金額がヤバい…
あるある…
リーダーの話ししてこない
あるある！
母の目をマルチ以外に向けようと努力したこともありましたが無駄でした
もっと華道教室を…
腰が痛いから一生できる仕事はこっちなの
今は…
母
日本はサプリメントの後進国
本社のHPに100を超える動画があります
何を選ぶかきちんと学びましょう
今日も1日顔晴りましょう
マルチの話はスルーして…

娘たち 大きくなったよ
母
ポン
やっぱり スタンプだけか
今の母は 僕にも孫にも興味がなく マルチの話以外は したくなさそうです
家族のために 働いていた母
愛情がなかったとは 思ってないよ
でも その愛情は 家族には 余計なお世話 だった
マルチは母の 人生すべて
もう やめさせることは できないかも しれないけれど
僕は マルチのせいで 苦しむ人がいる現実を 伝えていきたいのです

母との距離のとりかた

外で会う

家には必ず兄夫婦と一緒に行く

泊まってもご飯食べたらすぐ寝る

起きたらすぐ帰る

マルチ商品押し付けられる前に
ペーパー会員
1年でやめた

CASE.4

貧困

|ライター|

ヒオカの場合

ヒオカ
「貧困家庭出身」って
枕ことばがつくことの多い
フリーライターです

確かに
最後におもちゃを
買ってもらったのは
ワン
ワン
保育園の時

貧困

世帯収入が低いために生活必需品や教育を十分に得られない状況を指す。食糧や住居が不足し、基本的な生活水準を維持できず、教育や医療へのアクセスが制限され、健康や将来の機会に深刻な影響を及ぼす。社会的排除や経済的格差を生み、犯罪や家庭崩壊のリスクも高める。親世代からも連鎖しやすく、地域社会全体の発展を阻害する大きな問題である。

それ以降
お年玉も
誕生日プレゼントも
クリスマスパーティーも
おやつも
ジュースも
もちろん
ゲームなんかない家に
育ちました
ちゅーちゅー
おなかすいた…
ぺいっ
住んでいたのは
中国地方の
県営の団地
超ド田舎なので
狭小ながらも
一軒家ではあります
ただいまー
ガス代払えないって
どういうことだ
お父さん
お母さん
いつものだよ
あっち行こ
お姉ちゃん

母は毎日のように
父に殴られて
足全体が
アザで変色する
ほどでした
自衛隊員だった父は
銃声で聴力をやられて
辞めた後は職を転々
でも
悪くしたのは
耳だけじゃ
なかったようで
みっしり
忘れない
17時～
薬局
朝6時
ゴミ出し
回覧板
回す順番!!
17時半
3チャンネル
朝刊
夕刊16時
調べること
祭りの
集金くる
ずらっ
全部
同じペン
病名は
教えてくれませんが
精神疾患で
障害2級の手帳を
持っていました
障害者手帳
お母さん
大丈夫？
うん
大丈夫よ

お父さん
昔は優しい人
だったのに
病気になってから
人が変わったの
確かに父には
優しいところも
たくさんあって
ブオ〜
いらつきや暴力は
自分でも制御できない
感じもしました
覚えとらん
のよ
そんなわけで
どこに行っても
人間関係がネックで
一か月と勤められず
唯一長く続いたのが
新聞配達
収入は少なく
母もパートを
していたけれど
家計は火の車でした
今となっては
親はどうして生活保護を
受けなかったのか
不思議ですが
私の住んでいた団地には
低所得者層も多く
あそこんち
生活保護
だって
やっぱりー
生活保護って
何だろ?
狭い田舎で
噂になるのが
嫌だったんだと
思います

実際 私たちは 貧困だからと 差別されていて
PTA
あの人 ホラ…
クス クス
先生ですら
みんなに 悪知恵つけたのは どうせお前だろ
はあ!?
気の強い私は 言い返して いましたが
大人不信は ひどく
ヒソ ヒソ
わしが 朝早いって わかってて
なんで30分も 飯が遅れるんだ
ドッ
ガッ
!!
バーン
!
ガシャーン
この状況を 大人に相談 しようなんて 思えませんでした
ただ 不思議と…
どうぞ あがって
広っ
新しい ゲーム 出たんよ
エアコン 涼しい!
クッキー おいしい!

友達の暮らしに
驚いても
いろんな家が
あるんだなあ
それがイコール
「うちは貧困」には
結びつかなかったん
ですよ
もちろん
リッチじゃ
ないけど
夏休み
北海道行って
まさか
日本社会の
下層だとは…
私は裏山で
お父さんと
虫取ってたよ
だから
習い事が
できなかった
ことだけは
悔しかったけど
なんで
うちだけ～
いっつも
いっつも
贅沢言うな
小学校は
まあまあ平穏に
卒業
ところが
中学に入ってすぐ
いじめにあって
登校拒否に…
母がすぐに
公立の
フリースクールに
入れてくれましたが
私は勉強が
できたので
こんな
成績いい子
はじめて
ちゃんと
高校に行けるよう
学校に戻りなさい
戻っても
いじめは
続いていたから
相談室登校には
なりましたが

中3の時
偶然
発展途上国では多くの人が飢餓に苦しんでいます
小さな子どもも働かなくては生きていけません
だーーっ
世界にはこんなに貧しい人が…
相変わらず自分が貧困だと思っていない
私
留学したい
苦しんでいる世界の人のために働きたい…！
留学という夢ができました
苦労もしたけど高校は地域で一番の県立の進学校に
合格したよ
すごいなあ
よく
やったね
勝ち組コースに入ったと喜ばれるような高校だけどうちの両親は邪魔もしなけりゃ期待もしないというスタンス
で
制服なんだけど
制服…
ギク

運動部は
入らんでね
道具代が
かかるし
お母さんが
送り迎えするから
わしの飯が
遅くなる
う…
うん
制服代…
高校生活は
母がどこからか
もらってきた
制服を着て
スタート
ぶか
ぶか
さて
進路だけど
留学できる
大学に
行きたいです
留学ね
パラ
!?
父親の年収
約100万円
き…君は
寮がある
とこがいいよ
?
寮より
学力で
選びたい
ですけど
奨学金も
受けた方がいいし
この学校には
お金持ちの子しか
来ないので
私は目立って
いたようです
医者の
子ども
議員の
子ども
フリーターの
子ども
でも当人は
成績さえ良ければ
大学に行けると
思っていたので
放課後は
図書館や
夏
うち
エアコンないし…
市民ホールで
夜10時まで
猛勉強
冬
毛布
家だと
お父さん
うるさいし…
ガタ
ガタ

夕飯は
持ってきた
冷ご飯を
1個60円の
大根のおでんで
ふやかして…
キリ
あ…
胃が痛い
頭も
キリリ
腰も…
くそう
もっと勉強
したいのに
留学するん
だから…！
父も体が弱く
何度も入院
しています
体質だけではなく
生活のせいが
あったのかも
しれません
浪人なんて
許されない
背水の陣で臨んだ
国公立1本
合格通知書
あなたは、入学試験に
合格したので通知します。
関西の大学に
合格した時は
ただただ安堵
母が知り合いに
借金をして入学金と
前期の授業料を
払いました
初めて
親元を離れて
大学のそばに
引っ越して
いつでも
帰ってきて
いいからね
でも真に
貧困問題に
直面したのは
ここからかも
しれません

仕送りなどないので パソコンも 電子辞書も買えず
教材は フリマサイトや 先輩のおさがり
少しでも節約するために シェアハウスを選んだら 環境は劣悪
8畳に6人 エアコンなし
暑さのあまり ベランダで寝たり
体調を崩し 緊急搬送 されたことも
バイトも 思うように できなくなり 奨学金を増額すれば
わし 入院することに なって
ちっと 送金して くれんか
いいけど こっちも 厳しくて…
大丈夫 うちはこのへんでは 裕福な方だから すぐ返せるし
MITSURIN
裕福!?
妄想!?
なんだか父の状態は 前より悪くなって いるのでした
お正月に 帰省した時も
よく帰って きたなあ
突然 母と私のものを 捨てたりして…
異様すぎて 声もかけられない
ばっさ ばっさ

アルバム…
これ
おばあちゃんの
形見よ
洗えば
平気かな…
こっそり
カサ
カサ
虫が…
床も抜け
かかってる
荒れてる
うち
ミシ
ぶかっ
父の年収
100万円の衝撃
今ならわかる
カサ
カサ
カサ
カサ
カサ
うちは
留学費用なんて
出せない
どんなに
勉強したって
お金がないと
叶えられないことが
ありました

まわりが留学や希望の職を見つける中
働いてお金を貯めてから留学する方法もあるよ
教授
とりあえずの会社に就職
しかしパワハラにあい体を壊して退職
地元には帰りたくなかったので友達をたよって上京しましたが
転職活動は惨敗
貯金は10万もなく奨学金の返済もあり
雨が降れば水たまりができるシェアハウスに住んで
病気になって入院しても
医療費が怖い
早く退院しないと払えない
こんな体じゃ発展途上国なんてムリだよ…
どうやったら浮上できるのか
目の前はいつも真っ暗
だけど…
大学では日本にも様々な社会問題があることを学んだ
現地で直接支援できなくても
メディア…書く仕事でなら実情を伝えられるかも
この後SNSがキッカケで知りあったのがフリーの編集者さんでした

弱い立場の方々の代弁をしたいんです
それ自分のこと書きなよ
えっ私の？
メディアは社会的強者ばっかだから
当事者が書いた方が社会構造を浮き彫りにできるはずだよ
私のこと…
すぐに書いたわけじゃなかったけど
コロナ禍になり
給付金をめぐっていろいろな言葉を目にして
非課税世帯に金やるな
普通に生きてたら
貧困になんかならない
貧困は自己責任
私が見ている世界との違いに愕然とし
憑かれたように書いた文章がバズり
note
私が“普通”と違った
50のこと
ヒオカ

ライターの道が開きました
キラッ
きゅっ
ライター一本の今
単著を出せても
まだ収入は少ないし
奨学金の返済も重く
貧困から脱したとは
とても言えない状況
でも仕事には
好きな格好をして行くと
決めています

貧しいならオシャレするなとか
定職に就いてつましく暮らせとか
そういう声に「NO」を言いたくて
貧困という理由で選択肢の少なかった私たちだけど私たちにも当然好きなことをする権利
生き方を選ぶ権利があります
大学に行けてライターになれた私は運も良かった
それでもやっぱり貧困家庭の子どもたちに萎縮しろなんて言いたくはないんです
せっかく手に入れた書く力
何を書くか見ていてください
お疲れさまでーす!

友達ゼロだった父
緑内障になり
同じ病気の
仲間ができてから
母への暴力が
止まった！
今とても
仲よし
なんか
ふしぎ

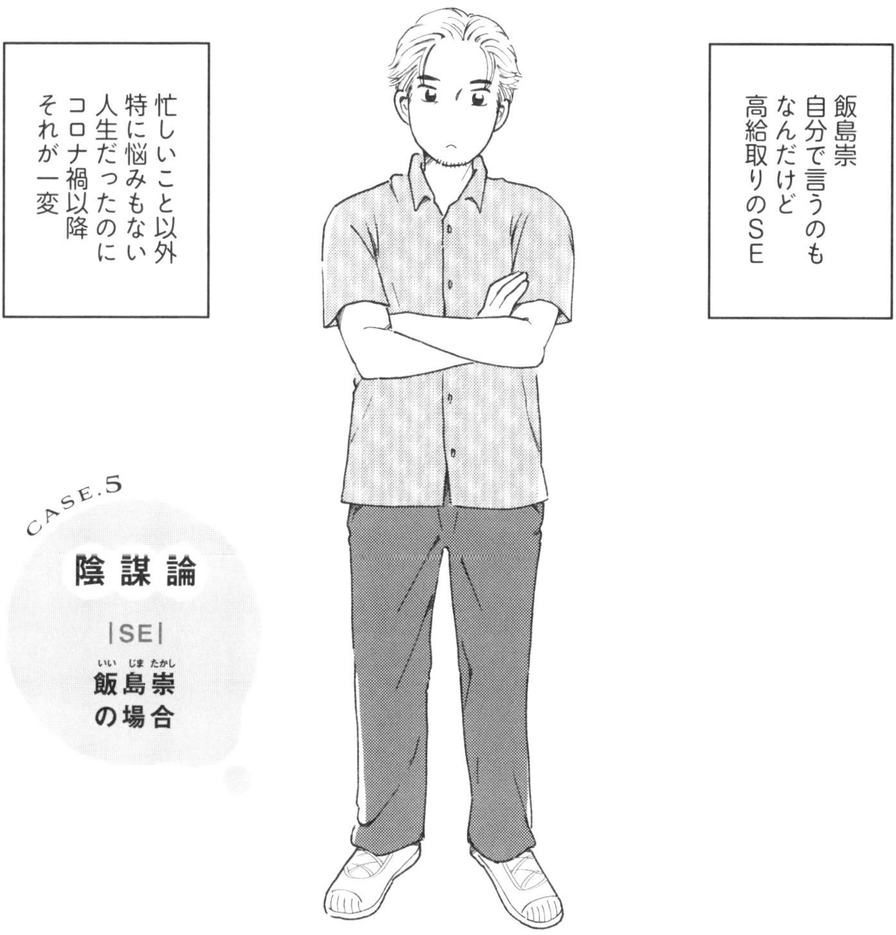
飯島崇
自分で言うのも
なんだけど
高給取りのSE
忙しいこと以外
特に悩みもない
人生だったのに
コロナ禍以降
それが一変
CASE.5
陰謀論
|SE|
飯島崇《いいじまたかし》の場合

妻が
陰謀論に
ハマるなんて

陰謀論

社会的・政治的なできごとの背後に陰謀や裏工作が存在すると信じること。特に米国での拡大が目立つ。陰謀論が広がると、社会的混乱や不信感を生み、公共の信頼や社会の安定を揺るがす。具体的には、虚偽や根拠の有無が不明瞭な情報が広まり、人々が誤解や不安を抱くことで正しい情報の流通が阻害される。この結果、社会全体での冷静な判断や協力が難しくなり、政治的不安や経済的不安を引き起こすリスクが高まる。

妻の典子《のりこ》とは
7年前
あるプログラムの
勉強会で
知り合って
どちらに
お勤め
なんですか？
私は
派遣なんです〜
みなさん
名刺交換
してくださいね
じゃ
おとなしい人で
あまり印象にも
残らなかったんだけど
数日後に
お!?
よかったら
ご飯でも行きませんか？
当時
俺は45歳
忙しすぎて
出会いもなく
結婚も
諦めていた頃
そりゃ
乗るだろ！
ポン
いいですね！
これが
キッカケで
つきあうことに
私の家
狭くて
恥ずかしいんだけど〜
ガチャ
おうふ

これ何？
ご飯だよ～
噛むと
疲れちゃうから～
介護用
ドリンク
高カロリー
介護用
だんだん
わかってきたのは
彼女は極度の
人見知りで
引きこもり
低賃金で
生活は
破綻寸前
あの勉強会は
奇跡的に
外出した一日
在宅オペレーター
毎日ここの
往復だけ
逃げようかな…
そろ～り
ぎゅ
あう
この頃
彼女の家族からは
逃がすな
高給取り！
行けぇー！
という指令が
出ていたそうな
姉
母
父
46歳
結婚
典子は
仕事を辞め
専業主婦に
婚姻届
お金にひかれた
わけじゃないよ
37歳
人見知りなので
式はせず
この人
ピッチャーじゃ
ないのに
遠くまでボール
投げれるんだね～
野球なんて
まったく
興味ないのに
俺に合わせて…
いい子だ！
結婚して
よかった！
誰かのいる
生活ってこんなに
いいもんか、と

ただ
典ちゃん
今日も
カップラーメンしか
食べてないの？
うん
それ好き～
掃除は…
してるよ～
モップ
スリッパ
明日の下着が
ないんだけど…
濡れた服って重くて
筋肉痛が治らないから
お洗濯は週1ね～
もっと服買っとこ～
大丈夫か
この人
生活能力の
低さに
驚かされること
多々
もっとビックリしたのは
紹介がてら
上司と食事をした時
いい子で
よかったな
あざす！
家に
帰ってから
ひっく
わっ
どした⁉
人と喋ると
息つぎうまく
できなくて
ひっく
しゃっくりが
止まらなく
なるんだよ～
ひっく
ひっく
こうならなかったの
崇くんが
初めてだったの～
ひっく
ひっく
ここまでか――!!

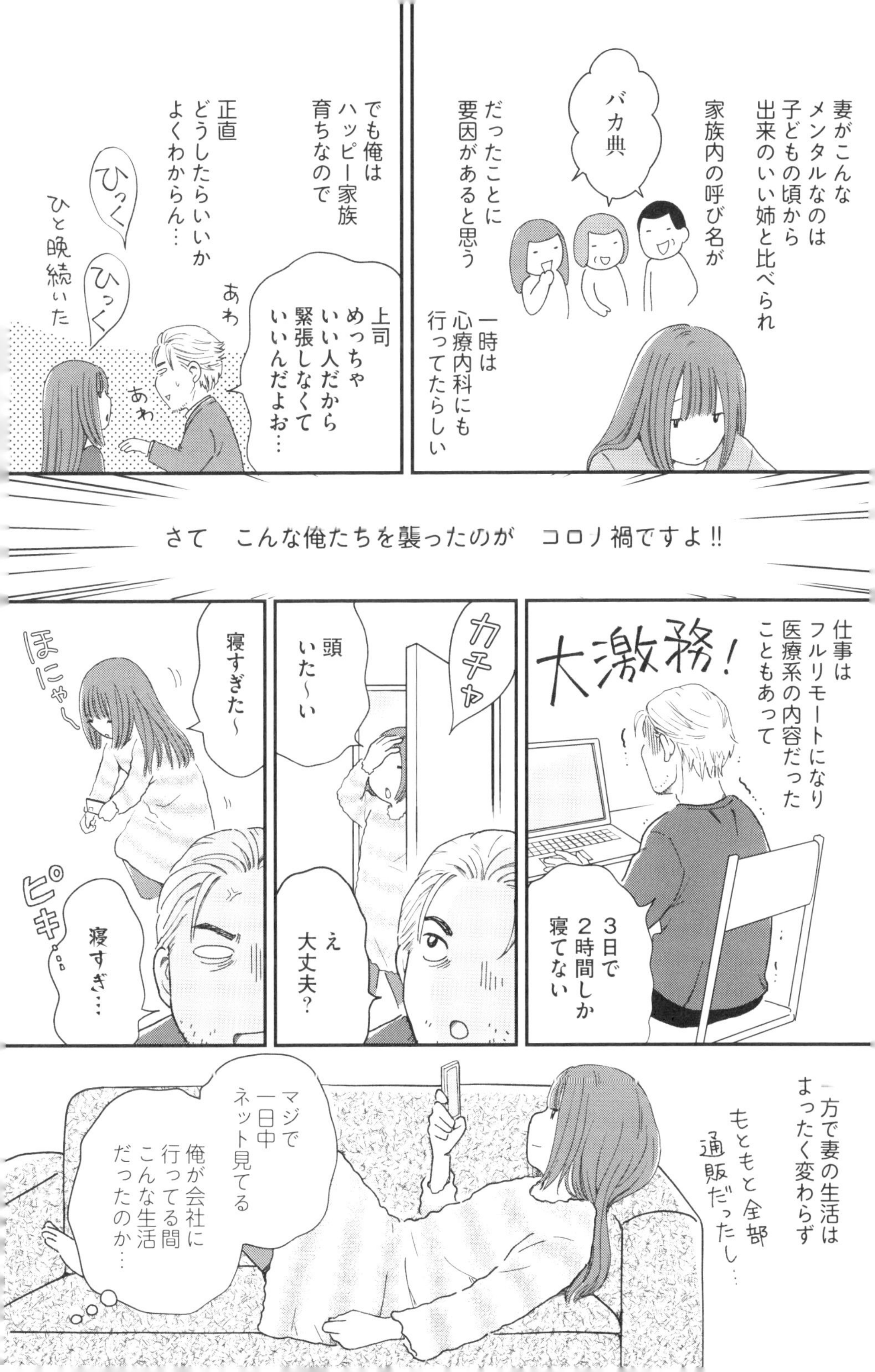

妻がこんな
メンタルなのは
子どもの頃から
出来のいい姉と比べられ
家族内の呼び名が
バカ典
だったことに
要因があると思う
一時は
心療内科にも
行ってたらしい
でも俺は
ハッピー家族
育ちなので
正直
どうしたらいいか
よくわからん…
上司
めっちゃ
いい人だから
緊張しなくて
いいんだよお…
あわ
あわ
ひっく
ひっく
ひと晩続いた
さて　こんな俺たちを襲ったのが　コロ ノ禍ですよ!!
仕事は
フルリモートになり
医療系の内容だった
こともあって
大激務!
3日で
2時間しか
寝てない
カチャ
頭
いた～い
え
大丈夫?
ほにゃ～
寝すぎた～
ピキ
寝すぎ…
一方で妻の生活は
まったく変わらず
もともと全部
通販だったし…
マジで
一日中
ネット見てる
俺が会社に
行ってる間
こんな生活
だったのか…

ご飯 できたよ〜
レトルト カレー
あー うん
ねぇ そろそろ日本にも ワクチン来る みたいだよ〜
らしいね
こんなに早く 認可されるの おかしいよね〜
んー 早いって感覚は あるよね
ワクチンを 売るために 製薬会社が コロナばらまいた 説もあるし
えー ないっしょー
コロナなんて ないって 言ってる人もいる
いやいや それは
この日 急によく しゃべるなあと 思ったことは すごく覚えてて
そのたった 数日後
ワクチン打つと 死ぬから
打たないでね！

はい？
ワクチンはディープステートによる人類削減計画の一環なの
全世界の死亡率を見るとコロナでは増えてなくて
ワクチン開始からあきらかに増えてるデータがちゃんとあって
待って待ってどーしたの⁉
ディープなんとかって何⁉
誰が言ってるのそれ
ツイッターとかユーチューブとかでみんな言ってるよ
ディープステートは世界を牛耳る闇の権力組織で略してDS《ディーエス》ね
マスコミはDSの手先だから真実はネットでしか伝えられないんだよ
でも本当のことを言うとバンされるから
私たちひとりひとりが情報を読み解くリテラシーを身につけないと
だけど崇くんは忙しいでしょ
あきらかに妻の目の色は変わっていて
もしやこれが噂に聞く陰謀論者
だから
あっ
ビリ
ワクチン接種券
崇くんのことは私が守るから！
ぐしゃ
気おされて何も言えない
まさか妻がこんなもんにハマるなんて――‼

それでも俺は こっそりワクチンを 打つつもりで いたんだけど 外食に行けば
カップラーメンと レトルトにあき コロナの中だけど 時々出るように ↑
お客様 マスクを
コロナなんて ないんですよ?
恥…
アルコール消毒も しない
逆に 免疫力を 下げるのに
くすくす
家では
飲んで
コロナなんて ないって 言ってるのに…
コロナ予防効果が あると思われていた クスリ
念のためだよ
いたるところに こっそり
空気を除菌すると 思われていた スプレー
だから 矛盾してるって
そして ある時
お父さんと お母さん お姉ちゃん夫婦も ワクチン 打っちゃった——!!
守れなかった よおお——!!
わあああ
わああ
俺まで 打ったら
典ちゃん どうなっちゃうん だろう…

なんかもう
俺も
打てなく
なっちゃって…
おかげで
外に出る時は
ちょっと怖かったし
罹ったら
重症かしら…
びくびく
友達に嘘つくのも
結構心が痛んだよ…
副反応？
全然
なかったね
いいなー
急に食事が
変わったな
全部
オーガニックだから
安心だよ
こういう
食べ物のこともそう
前大統領が
光の戦士ってことは
もうハッキリしてる
日本のマスゴミは
西側諸国の情報を
垂れ流すだけで…
何言ってんだか
わかんないし
こんな言葉づかいの
子じゃなかった
のになあ…

秘技 話題そらし
そういや パン値上げ してたよ
必殺 陰謀返し
だから小麦粉は アメリカが日本に 売りつけてる 毒だって 言ったじゃん
さんざん ラーメン 食ってた やんけ!!
情弱のままじゃ 生きていけないよ
イラ～ッ
あのさあ! なんでDSは 人類削減 したいわけ?
自分たちに 都合のいい世界を 作るため
それが 金儲けって ことなら 人口は ある程度 多い方が よくない?
も～ そういうことじゃ ないんだよね～～
話をすれば こんな感じで 俺もイライラして
煽っちゃったのが よくなかったか 後日
バン
何?
これ読めば 真実が全部 わかるから

後に俺が「典子ファイル」と名付けた200枚に及ぶ反ワクチン&陰謀の資料
くっそ忙しいんだけどっ…
パラ
(※)疾病予防管理センター
あれこれ
ほんとにCDC(※)が出してる資料だ
ワクチンとガン発症に相関関係が…!?
カタタ
あ…なんだすぐ否定されてるじゃん
陰謀論者は自分たちに都合のいいところだけ切り取ってるんだな
カチカチ
カチカチ
反ワクチンのツイデモしてる
結婚前にこの片鱗見てたら好きにならなかったかもな…
限界まで我慢はしたんだよ
お健康診断のお知らせ
コロナ禍でも一応来るんだねぇ
そこはダメだよワクチン打ってる病院だから
…

あのさあ 俺が突然 ケガや病気で倒れたら どうするの？
ワクチン反対派の お医者さんのところに 連れていくよ
救急車は そんなの 選べないって
も～ 殺されそう だわあ～
どっか 行くの？
うん 久々に
ほら 前に会った 上司
ダメ！
え
あの人 シェディング ヤバいから!!
わかるよね!? シェディング！
ワクチン 打った人の 息から出る 毒性の物質…
いい加減に しろよ
びくっ
自分が ワクチン 打たないのは いいよ
でも俺は 巻き込まないで ほしかった
出所のあやしい 妄言も うんざりだし
俺の人間関係に 口出すのは 本気でやめてくれ

バン
今度 陰謀の話したら 離婚するから！
ひ…
俺 温厚だから 怒るのなんて 人生で二度目か 三度目
ひっく
ひっく
大きい声だして ゴメン
ちゃんと わかってるんだよ 俺も
バカ典なんて 言われてた 典ちゃん
初めて誰かの役に 立ててるって 思ったんでしょ
使命感と
家族や 俺への愛情 伝わってたよ
だから 我慢してたん だけどね
もう ムリだったわ

で
コロナも
落ち着いた
現在
俺たちが
どうしてるかと
いうと
実はまだ別れずに
夫婦やってる
ご飯
できたよ～
ふら～
ふら～…
いつも
ありがと
幸いふたりとも
一度も
コロナに罹らず
健康体
いいんだよ～
崇くん
忙しいんだから～
やっぱり天然塩は
おいしいね～
免疫力を
あげるから
感染症にも
罹らなくなるん
だって～
妻はまだ
バリバリ陰謀論者
だけど
その話題はしない
ということで
協定を結んだ
ワクチン打った人
死んでないねとか
いろいろ
言いたいけどね
最近になって
ワクチン関連死を
国が認め
国際的にも
ワクチンの評価を
再考しようという
動きがある
だから
全部を陰謀論で
片づけるのも
乱暴だとは思ってる
でも
光の戦士とか
シェディングとかまで
いっちゃうのは…
ねえ？

妻が陰謀論にハマったと打ち明けた友達には
俺なら離婚する
陰謀ハマる前から変だし…
生活能力低くて可哀相で捨てられないっていうなら共依存だよ
くう…そうかもしれんけど
俺だって他人がこんな目にあってたらそう言うだろうけど
自分がその立場になってみると
魚の大量死が…
あっ…
また何かの陰謀と結び付けてるな
そんな簡単に決められるものじゃなかった
でも俺には言わない努力をしてくれてる
陰謀論さえ話さなければいい子のままだ
もしかしたら今はただの小康状態でこの先もっとひどいことになるのかもしれない
俺たちもそれからこんなに陰謀論者が増えちゃった世界も
だけどとりあえず妻とはまだ一緒にいようと思ってる
たまにはラーメン食べない？
そ～だねえ～

最近
おねだり
されたこと
井戸
掘って
はあ?
日本政府によって
水道水に毒が
混ぜられてるそうです
ちょっと
聞いちゃった
いんぼーろん

CASE.6

DV

|会社員・教員|

にさご・ちまこの場合

夫 にさご
妻 ちまこ
夫から妻へのDVにより私たちは離婚しました

子どもたちと一緒に
楽しい家庭を作っていけると思っていたのに

DV

ドメスティック・バイオレンス（Domestic Violence）。家庭内での近しい相手からの身体的な傷害や、言葉や行動での心理的虐待のこと。被害者は深刻な心身のダメージを受け、長期的な影響を残す場合もある。子どもが暴力を目撃する面前DVはトラウマとなり、DVの連鎖につながる可能性がある。被害者の救済・支援と加害者の治療・カウンセリングの両方が重要である。

共通の友人を介して知り合ってつきあうようになり
見たがってた映画チケット取っといたで
優し
気前もええし
そしたら学年主任が忘れとってん
あははは
おもろい子やなあ
学校の先生してるだけあってしっかりしとるし
同棲もせず入籍
新婚旅行のシンガポールはむっちゃ楽しかった!
ひゃっはー
ただ帰国してから──
ほんまにこの家住むんやなあ〜
なんやねん文句ないやろ
買う前に相談してほしかったわ
間違いない物件やって

金融関係の仕事をして不動産にも強いにさご
結婚前に独断で新築一戸建てを購入していた
ちまこ実家
にさご実家
近所
車 2時間
家
ちまこ職場
電車 1時間半
電車20分
にさご職場
こっちの都合は無視か～い
私の通勤長なるんやからちゃんと家事やってな？
やるって言うとるやん
ちょっと納得いかんけどなんかあったら夫の実家を頼れるって思っとくか…
しかしいざふたりでの生活が始まると
ご飯くらい作っといてや…
残業…
俺できひんしお前がやった方が早いやろ
家事やるって言うたやん
やってるやん昨日も食器洗ったやろ

ひとり暮らし歴 2年の ちまこ
結婚したら 家事は減ると 思っとったのに
ひとり暮らしを したことのない にさご
やっとんのに なんで やっとらんって 言うんや
だいたい本来は 女の仕事やろ 手伝って やっとんのに
家事をめぐって ピリピリする ことが増え
最初の爆発 カップラーメン事件
ただいま～
疲れた～
遅かったね 夜ごはん 食べてきた？
うん でもちょっと 小腹すいたわ カップラーメン 作って
今 洗い物してるから 自分でやってー
っっざけんな てめえ
作れって 言ってんだろ
えっ 何!?
突然 なんやの 食べたきゃ 自分でやれや

疲れて帰ってきとんのになんやその態度
こっちだって働いて疲れとるわ
お湯沸かすだけやんか!
お前こそお湯沸かすだけのことなんでせんのや
くそっオカンは言われんでもしとったのに
腹減ったな
ほな何か作ろか
母
父
おいソレどないした
ケンカした
勝ったか?
あいこや…
ガツ
アホ!男は勝たなあかん!
そりゃカップラーメンくらい作れる
でもやったら屈することになる
まっじ意味わからんわ
うちのオトンも家長サマやったけど
ごはんはオトンから
ちまこもコーヒー飲むか?
飲むー
自分のしたいことは自分でやってたで!?

結婚1年目で
娘が生まれると
家事に育児が重なり
ケンカは
ますます
増えていった
育休中なら
全部やって
当然やろ
こっちは
仕事してんだ
家事のための
休みやない
育児のための
休みや
もー
頭きた
あいつのだけ
洗濯してやらん
ぺいっ
こんもり
クソが
バターン
にさご
洗濯物を持って
実家に帰る
あら〜
お母さんが
洗ったげるわ
あの子
キツいとこ
あるからねぇ
なんであいつは
言うこと聞かないんや
なんで
こんな手間かけてまで
俺に嫌がらせしたいんや
同じ家に暮らす
家族やのに
どうして自分だけ
何もしなくてええと
思えるんや

お互い
離婚を切り出した
こともあるが
離婚届
よーやく
寝たわ〜
よれ…
あれ
いつも
ちまこも一緒に
寝ちゃうのに
あ
この番組
懐かしー
せやろ
昔よく一緒に
見とったよな
ケンカして
ない時は
気が合って
離れたくない
相手だった
しかし
年子で息子が
生まれた後も
いざこざは続き
俺が満員電車で
会社行って
コーヒー飲む暇もない時
お前何しとん⁉
お前も何も
飲んどらんのか⁉
…
飲んどるよ
そしたら
忙しいんは
どっちか
わかるよな⁉
言いたいこと
あんなら
論破せぇや！
炊飯器のスイッチ
入れてって
言っただけで
なんでこんなん
言われな
あかんのやろ
俺が
間違ってるか⁉
お前が
変なこと
言うから
怒るんや！
もう
話したくない
お前
性格悪すぎ
やで！
帰って
来なきゃ
いいのに

さらに数年後
世界を
コロナが襲い
ふたりとも
在宅時間が
増え
一着
決まった!
あーーっ
ちくしょうっ!!
ちょっと
子どもの前で
ギャンブル
見ないでくれる?
は!?
なんで自分ちで
気ぃ使わな
あかんのや
自分の部屋で
見てってこと
たまに
口を開けば
文句ばかり…
どうしたら
昔のちまこに
戻るんや
…
そーいや
娘の小学校のアレ
調べとけって
言っただろ
やったか?
ん
カッ
こっちが
譲歩して
話かけて
やっとんのに
なんやその
生返事は
きゃ

いい加減にしろ
パアン
ママ！
ぐいっ
わあん
怖い
もうこの人とは一緒におれん!!
怖い

オトン
あの人
もう帰った？
帰ったよ
「謝ったら
許してやる」
やって
…
ちまこは
殴られたって
言っとるけど
それだけのことを
したんです
もし俺の娘が
殴られてきたら
よっぽど
悪いことしたんやな
って言いますよ
普通の人間は
殴られるようなこと
しませんから
あっちの
お母さんにも
謝れって
言われたわ…
ちまこは
むこうの家に
嫁に出した
もんやけど…
もう
ええんやないか？
夫婦関係等調整調停申立書
クソ！
電話にも
出ないで
調停なんか
子どもは
どないすんねん！
訴訟や
闘ってやる
俺みたいな
被害者の
団体と
手を組んで

#実子誘拐
#虚偽DV
あった これやな
ハッシュタグを たどると DV被害者たちの ツイートが たくさんでてきた
これ… 何が ダメなんや
意見が違うだけなのに お前が間違ってる とか言う夫
子どもの前だから ケンカしないように 話流したのに ブチ切れてきてヤバすぎ
男は家事しなくて いいと思ってるの？ もう令和ですけど？
そして…
GADHA
DV・モラハラ加害者変容支援を通して、ケアのある社会の実現を目指す GADHA（ガドハ）公式アカウントです
DV加害者の行動 まんまや俺…
違うやろ 俺は反抗的な嫁に 子どもを連れ去られた 被害者やろ…
とてもじゃないが すぐに 受け入れることは できなかった にさご
だけど もっと知らずにも いられなかった
1か月後 勇気を出してガドハの ミーティングに参加
正直 家事しないくらいで DVかわかんない ですけど…
こっちから 会いに行って やったのに 出てきもしなくて
にさごさん 主催者の えいなか です
僕も 加害当事者 ですが

にさごさんが会いに行っちゃったの最大の加害ですよね
えっ どうして
あなたのことが怖くて逃げてる人のところに行くなんて
あなたは自分のことしか考えてないってことになりませんか？
ちまこ——……
ジェンダー
孤独になることば、人と生きることば
GADHA代表 中川瑛
3か月後 調停1回目
えっ 離婚に応じる？

そう言うてはります
調停委員
子ども寄こせとも言ってないですか？
ええ
なんで急に変わったんやろ
その半月後たった2回で調停成立
最終確認で半年ぶりに顔を合わせた
痩せたな…
ねぇ少し話さない？
家庭裁判
…うん
殴ったことだけ謝ってくれれば戻れたんかな私
…もちろん殴ったのは最低やけど
そもそも君を人として扱ってこなかった

妻は夫の道具だと思ってた
しつけして従わせることが男がやるべきことだと思ってた
君に反対されると自分の存在価値が揺らぐようで怖かった
俺たちはケンカしてたんやない
俺がDVしてたんや
ごめんなさい
私たちなんで離婚せなあかんの
この人と楽しい家庭を作りたいと思っとったのに
一緒に子どもを育てたかったのに
どうしても怖いねんあんたのことが
夫婦はもうムリやねん

ちまこは実家の近くに家を借りた
にさごは毎週末通った
最初はあがらせてもらえなかったがだんだんと
お茶してけば
泊まってく?
それから2年
3年
息子が来年小学生なんて
早ーい
ふたりでいろいろ話し合って決めようね
それやったら離れて暮らすのも面倒やね
え
籍は入れない
だけど私たちはまた一緒に暮らす家族になった

DV被害者は「優しすぎる」「甘やかしてる」なんて言われることもあるけれど
そんなことないって私を見ればわかるやろ
誰だって被害にあう可能性はあんねんで
言いたいこと言ってた！
妻の情が残ってるうちに学べてよかった
もっと早い段階で気づいてほしい人いっぱいいる…

幼馴染だった夫
男女の双子と次女の
子ども3人
平凡だけど
幸せだった家庭は
一瞬で崩れ去りました

CASE.7

ギャンブル依存症

|会社員|

安《やす》井《い》昌子《まさこ》の場合

息子が
ギャンブル依存症に
なった時に

ギャンブル依存症

ギャンブルへの強い欲求を抑えられず、生活に支障をきたす状態。経済的破綻や人間関係の崩壊など、個人や家族に深刻な問題を引き起こす。脳の疾患であり、回復には専門的な治療やサポートが必要。厚生労働省の調査（2017年）によると、日本では約320万人の成人がギャンブル依存症の疑いがあるとされており、社会的にも重大な問題となっている。

息子は
優しい子でした
記憶力がよく
勉強も得意
歴史の年号
一発で覚える
100
決して親の
ひいき目ではなく
クラスの
女の子たちに
歴史オタクで
優しい
翔《しょう》太《た》くん
なんて言われて
いました
夫とは
サッカーを
双子同士も
仲が良く
友達も多く
ギャンブルが
身近にある環境でも
なかったです
思春期も
手がかからず
一度ビックリしたのは
高2の時
ずっと続けていた
サッカーの部活で
えっ
どうしたの!?
自分でキーパー
やるって言ったのに
やっぱりやめたくて
先輩に
筋通すために
剃った

真面目すぎるというか 不器用というか
そこまでするか～
大学は有名大の法学部へ
フットサルサークルをかけもち バイトもして 充実の大学生活を始めたように見えました
その数か月後
ブックメーカーやりたいんだけどいい？
何それ知ってる？
いや
これ攻略本で
ブックメーカー
うーん よくわかんないね
株みたいなもんか？
パラ
まあ何事も経験だしやってみれば
これが地獄の入口でした
ブックメーカー

ブックメーカーとは
スポーツ競技や
大統領選挙、アカデミー賞
など様々なものを対象に
結果に対して
賭けを受け付ける
業者や企業のこと
賭けるのは
スマホさえあれば
どこでもいつでも
可能で
イギリスでは合法
アメリカは
州により合法
公営のみを
許可する国も
ある一方
日本では
違法です
（ただし
海外で合法に
営業している
ブックメーカーを
罰する法律はない）
今となっては
自分の無知を
呪いますが
まさか
書店で攻略本が
売られている
ようなものが
罰せられないだけで
違法のギャンブルだなんて
思いもしませんでした——…
最初はバイト代の
範疇でやっていた
ようですが
大学3年生の時
プルルルル
もしもし
お世話になって
おります
○○カードです
安井様
最近海外で
お買い物を
されたでしょうか
いえ…
勝手に10万円が
使われたという
連絡でした

怖くなって
解約
けれどまたすぐに
別のカード会社で
同じことが起き
CREDIT CARD
CARD
私の
500円玉貯金
減ってるん
だよね〜
はっ
もしかして…
やっぱり
息子でした
ブックメーカーって
海外のギャンブルで…
ハマって使った
好きなサッカーに
賭けて
儲けられたらって
思って…
ゼミで
会計係
やってるけど
その金も
全部…
そんな…
泥棒じゃないの!!
勝てば
返せるから…
いくらだ
60万
息子を
犯罪者にしたくない
その一心で
肩代わりをしました
もう二度と
手を出さないって
誓って…!
うん…

しかし息子のギャンブルはやまず夫の単身赴任も重なり私ひとりが対処するように
私のカードも使われたんだけど！
銀行のお金も引き出された
カード隠してたのに…
どうして暗証番号知ってるの!?
子どもの頃一度だけ教えたかも
あの子記憶力がいいから…
法学部なので遺産の相談をしたこともあり息子はうちにお金があることを知っていました
督促状が来てる分だけは払わないとね…
督促状
放っときなよ！自分が悪いんじゃん
そういうわけにもいかないでしょ親なんだから…
1回につき5万円くらいを何度も補填しました
10000
そのたび怒って誓約書を書かせてもダメ
もう二度とギャンブルはしません
借金もしません
安井翔太
スマホをとりあげてもSIMだけ抜かれていて別のスマホで始めてしまう

だけど友人や
翔太くんは頭のいい子だから大丈夫よ
心療内科の先生も
君の大学なら起業してる人いっぱいいるよ
ギャンブルみたいなものだからそっちに賭けてみたら？
こう言うし
コト…
どう？はじめて作ったの
ガタ
うんうまい
毎回毎回この借金さえ私が払ってしまえば
息子は元通りになるだろうと思っていました
しかし在学中の借金は止まらず
大手企業に就職した半年後には闇金に手を出し…

やめられないなんて意志が弱すぎるよ！
勝って返そうとしてるの⁉
バカじゃないの！
こんなに負け続けて向いてないよ！
…死んで詫びるよ
勝手にしなさい‼
パタン
パンッ
もうこんなことで死んじゃダメだよ‼
お母さんがなんとかするから‼
自分の育て方が悪かったんだろうか
生まなきゃよかったんだろうか
闇金のことを相談したって
警察も弁護士も何もしてくれませんでした

息子は会社の住宅補助を受けひとり暮らしを始めましたが
それでもギャンブルはやまず
すっかり人も変わってしまいました
返済の尻ぬぐいは膨れ上がり
次女を大学に行かせられなくなりそうなほど
翔太くんのお母さん？息子さんが借りたモン返してもらわんとねえ？
今すぐ銀行行けるよなあ？
…はい…
夫は本人の責任だから放っておけって言うけど
こんな状況でどうやったら…
ガタ
！
誰か助けて…
バサッ
前に心療内科でもらったチラシ
ギャンブル依存症の家族が通う自助グループか…
自助グループって…傷の舐め合いするとこでしょう？
ちょっと気持ち悪いというか…
ギャマノン
ギャマノンはギャンブルの問題に影響を受けた家族・友人・パートナーの集まりです。匿名なので、本名や身分を明かす必要はありません。悩みや苦しみを分かち合い、勇気と希望をもらえるミーティングです。ぜひ、足を運んでみてください。
日時：毎週火曜日１８：３０～２０：００
会議室
だけどもうここくらいしか行くところがない

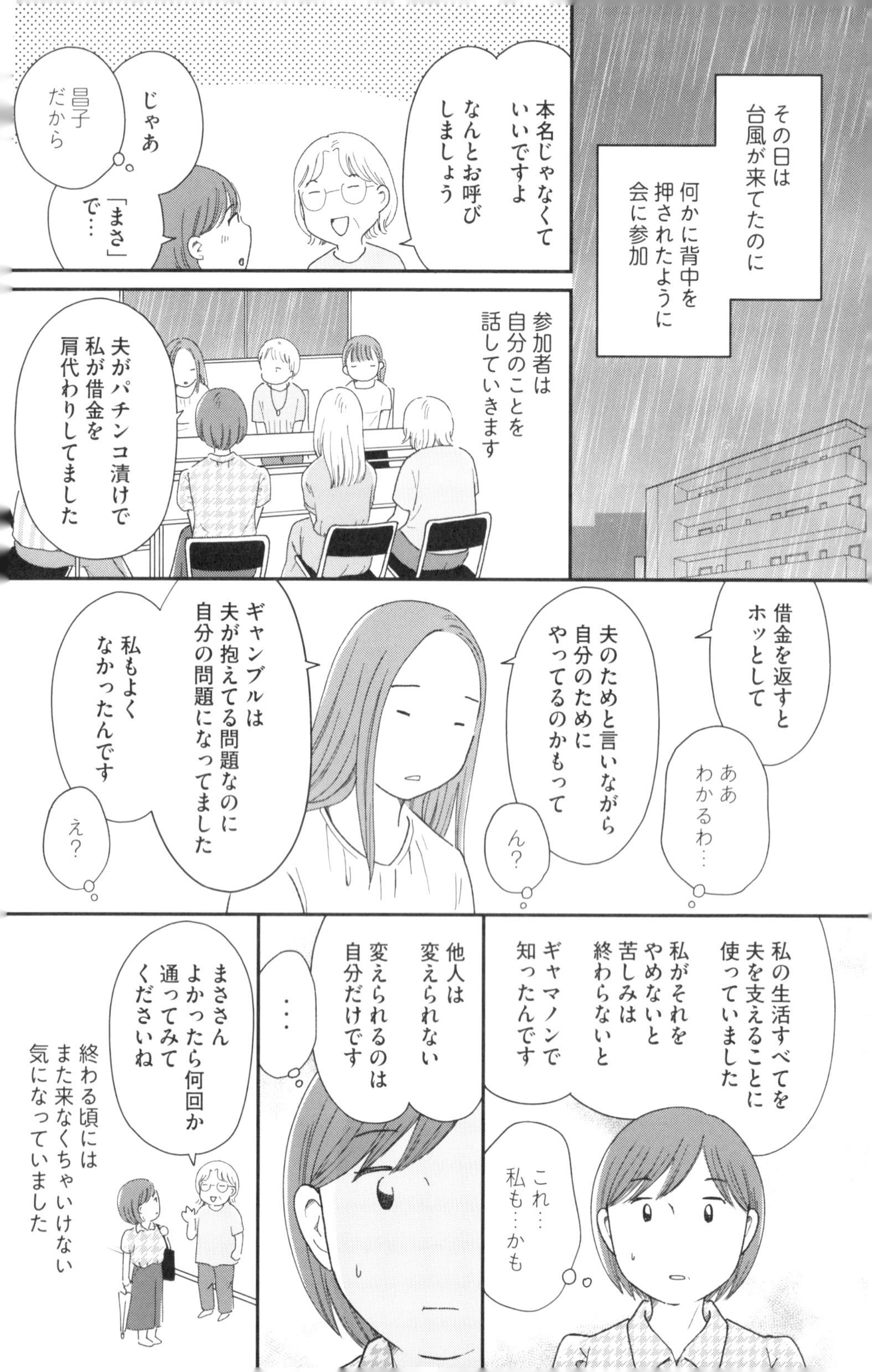
その日は台風が来てたのに
何かに背中を押されたように会に参加
本名じゃなくていいですよ なんとお呼びしましょう
じゃあ
昌子だから
「まさ」で…
参加者は自分のことを話していきます
夫がパチンコ漬けで私が借金を肩代わりしてました
借金を返すとホッとして
ああ わかるわ…
夫のためと言いながら自分のためにやってるのかもって
ん?
ギャンブルは夫が抱えてる問題なのに自分の問題になってました
私もよくなかったんです
え?
私の生活すべてを夫を支えることに使っていました
私がそれをやめないと苦しみは終わらないと
ギャマノンで知ったんです
これ… 私も…かも
他人は変えられない 変えられるのは自分だけです
…
まささん よかったら何回か通ってみてくださいね
終わる頃にはまた来なくちゃいけない気になっていました

息子を何とかしたかったのに自分にも問題があると知り
マンションから飛び降りると言われて…
また払ってしまいました…
そのままだと息子さん本当に死んじゃうよ
尻ぬぐいを続けると息子さんを殺すのはまささんになる
依存症って死と隣り合わせだからね
本気で依存症に向き合わなくてはいけないと気づいて…
より具体的なサポートを学ぶ「全国ギャンブル依存症家族の会」にも参加
ギャンブル依存症(※)はWHOでも認められている脳の病気だと学びました
ドーパミンが過活動になりやすい脳の持ち主ということ
体質なので同じ刺激を与えても依存症になる人とならない人がいます
刺激
すん
ワー
マジメな人ほどなりやすいという説もある
とり返さなきゃ～
意志の問題じゃないんだ！
※ギャンブル依存症は正式な診断名ではない
ガイドラインでは
「病的賭博」「ギャンブル障害」などが使われる
家族の会が実践的なことにもビックリ
督促状
消費者金融から督促状が…
このタイプはすぐ対応しなくていいやつだよ♪
いい
こうしてギャマノンと家族の会のふたつにつながって
まささんもスポンサーつけましょ
スポンサー⁇
1対1で相談にのってくれるこの道の先輩
生き方の気づきをくれる存在よ
ギャマノンでの会話
自分自身の回復プログラムに取り組みました
私でよければやりますよ
私もふたつに入ってますし
お願いします

もうお金を払ってはいけないというスポンサーに従って息子からの連絡をブロック
家の鍵まで換えました
ここまでしなきゃダメなの？
まささんが息子さんの回復の邪魔をしないためだよ
しばらくは何事もありませんでしたが
ある日のミーティングが終わった後着信拒否し忘れた電話が鳴り
息子だ
取ってみよう淡々と話してね
もしもし？
お母さん？俺この間コロナのワクチンで39度も熱が出て
えっ！ひとりで大丈夫だったの⁉
淡々と！
…うん はい
はい…ちょっと待ってかけ直します
プツッ
私の名前で借金したって…
まささん今まで総額いくら払ってきた？

1200万
そっか…
息子さんが
回復施設に
入るなら
今回の分は
払ってあげるって
言おうか…
――その日
息子を呼び出し
誰
その人
お母さんの
仲間だよ
さあ
今から
行こう
そ…
それはムリだよ
仕事だって
あるし…!
金だけ
先に…
仕事より
回復が先だよ
今
つらいんだよね?
このまま
行こう?
家に
帰らせてたら
ダメだったと
思います

着の身着のまま
息子は遠く離れたギャンブル依存症の回復施設に入りました
私はギャマノンと家族の会に通い続け
夫も時折勉強会に参加
息子は施設で当事者の先輩たちとつながっていると信じて
2年4か月後
翔太卒寮したって
転職ではなく息子は復職を選びました
会社に自分の病名も告げたそうです
今はどこかでひとり暮らしをしています
お母さん?

2年4か月悪くなかったよ
そう
夏休みにはおばあちゃんのお墓参りに行けたらいいなって思ってる
うん
今はまだあんまり会わない方がいいみたいだから連絡しないけど元気でね
お互いね
またいつか息子がギャンブルをしないとも限らない
でも息子に何があってもそれは息子の問題
息子は当事者の仲間の中で
私は家族の仲間の中で回復する
これからは大人と大人として新しい親子関係を作っていこう

ギャンブル依存症　治療
このワードで検索すると正しい情報が出てきます
でも「ギャンブル依存症」「借金」で調べる人が多いから
なかなか病気だと気づけないいんですよね…
正しい知識が広まってほしいです

CASE.8

ヤングケアラー

|会社員|

町田優美《まちだゆみ》の場合

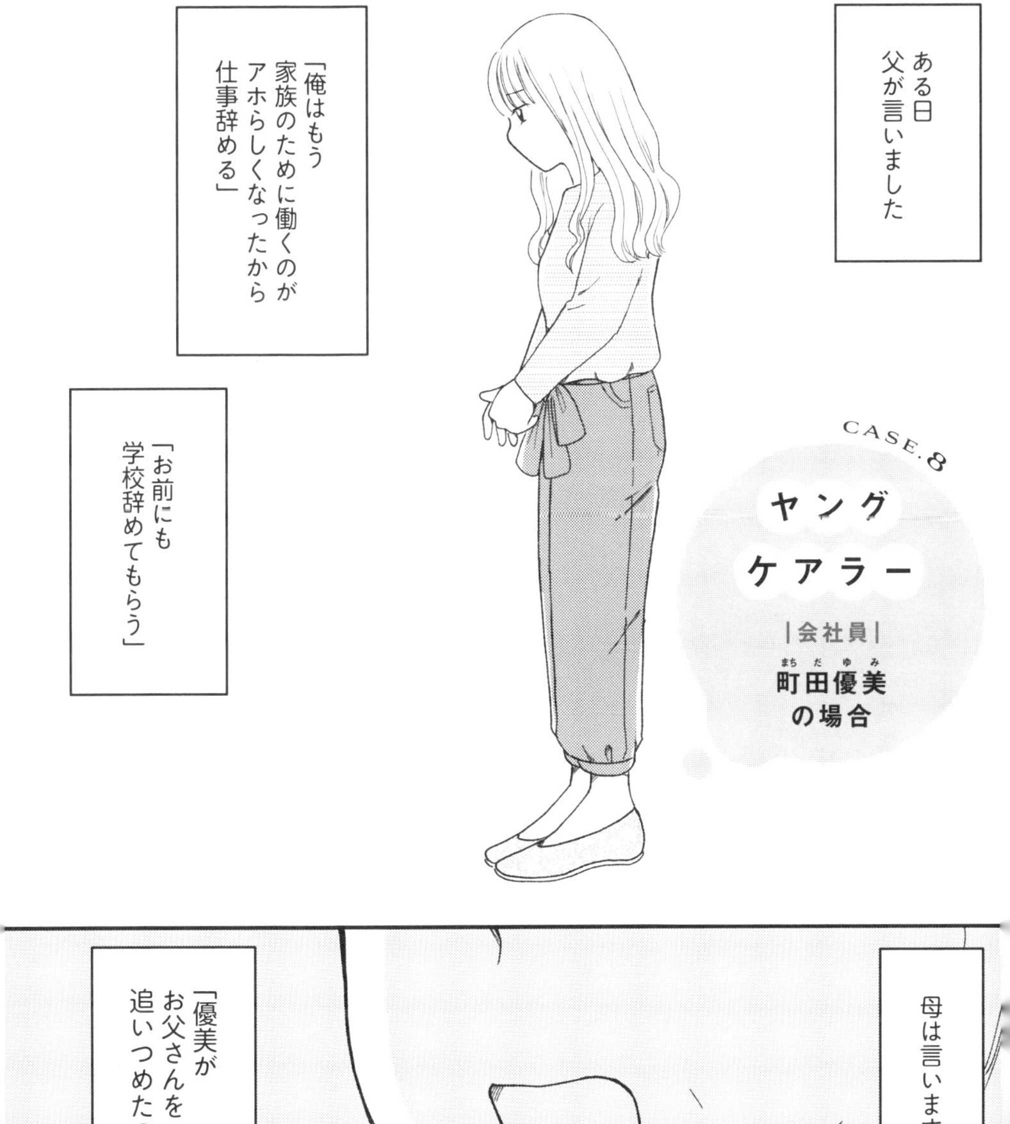
ある日
父が言いました
「俺はもう
家族のために働くのが
アホらしくなったから
仕事辞める」
「お前にも
学校辞めてもらう」
母は言います
「優美が
お父さんを
追いつめたのよ
」

ヤングケアラー

本来大人が担うと想定される家事や家族の世話を行う子どもや若者のこと。具体的には、家事全般、きょうだいの世話、病気や障害を持つ家族の介護などが含まれる。家庭内の責任を負うことで、過度な責任感やストレスが心身の負担となり、学業や交友関係に影響が出たり、子ども自身の成長や発達に悪影響を及ぼすことが懸念されている。

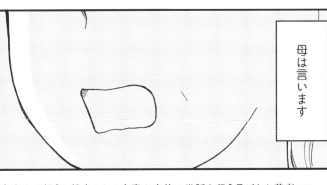

私が3歳の時にも父は仕事を辞めたことがあります
家買った直後なのに…
部下をリストラしなくてはならず
本人もメンタルを崩したそうです
気が小さくておとなしくて優しい
父はそんな人でした
家の外では
家でも口数は少ないのですが
いつも不機嫌でネガティブオーラを発していて
ただいまー
あっ
どよーん
再就職後も時々平日に家にいることがありましたが
家族の誰も話しかけられないのでした
母はパートで家計を支えながら
とにかく父の機嫌を損なわないよう振舞っていて

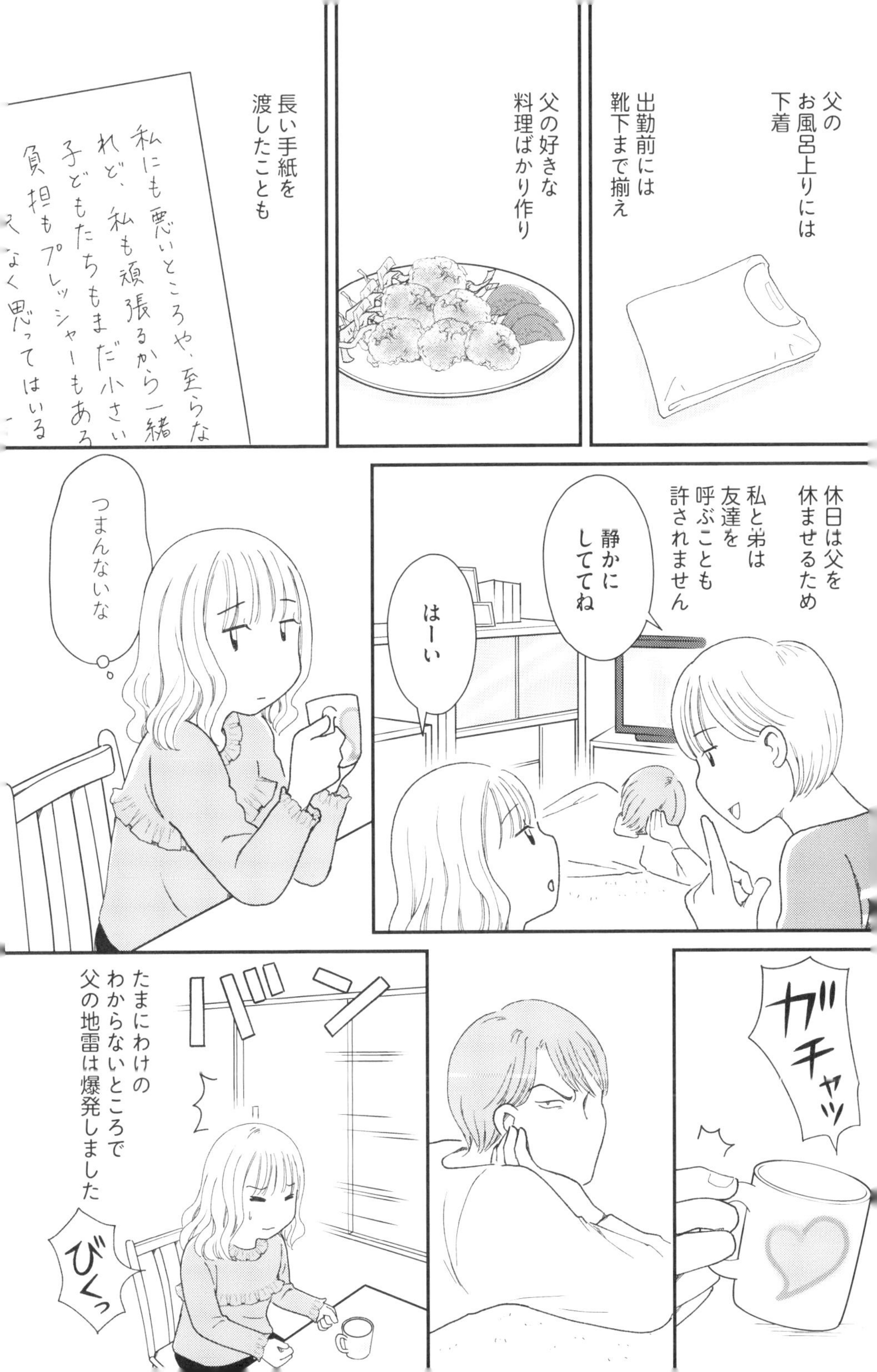
父の
お風呂上りには
下着
出勤前には
靴下まで揃え
父の好きな
料理ばかり作り
長い手紙を
渡したことも
私にも悪いところや、至らな
れど、私も頑張るから一緒
子どもたちもまだ小さい
負担もプレッシャーもある
えなく思ってはいる
休日は父を
休ませるため
私と弟は
友達を
呼ぶことも
許されません
静かに
しててね
はーい
つまんないな
ガチャッ
たまにわけの
わからないところで
父の地雷は爆発しました
びくっ

一度だけ聞いたことがあります
どうしてお父さんの方が偉そうにしてるの？お母さんはパートも家事もしてるのに
頑張ってもお父さんほどは稼げないからねえ
それは私を生んでお仕事を辞めたからでしょう？
子ども心に母にも答えられないことを聞いてしまったと感じました
ガチャ
お母さんはねこの家さえ無事だったらほかの家や人はどうなったっていいと思ってるのよ
おやすみ
パタン
母が求めてるのはきっとただの〝普通の家庭〟
ドキドキ

母は父を世話するように私のすることにも口を出してきて
国語のノートどれにしよう
これにしな♪
使うものも母が決め
つきあう友達も母が選び
地域の人と協力するイベントでも
手づくり巾着
うちの子はできません
お裁縫なんてしたら優美の不器用がバレるもんね
恥かかないように
ねっ
こそっ
こういうことの全てが「優美のため」
なぜか私にだけ厳しくする時も「優美のため」だったのか
ご飯残しちゃダメ！
作った人の気持ちがわからないの⁉
お父さんと弟は残してるのに
あうマズい…
なんで生ニンジンにたらこ…
それから次の日曜だけど
あ伯父さんたちと出かけるやつ？私楽しみに…
お父さん行きたくないみたい
優美も本当は乗り気じゃないでしょ？お母さんにはわかるの
今回はみんなやめない？

やめない？って…もう決めてるんだよね…
うん…
お母さんに代弁されると私の気持ちも言葉も消えていきます
お母さんは私のこと嫌いなのかな
人間って何のために生きてるんだろう
私は小学生の時は真面目な方でしたが
中学に入って仲良くなった子がちょっとヤンチャで
遅くまで遊んだりするようになりました
19歳の彼氏もできて
あそこ行きたい！
おっ行こっ
やりたいことがやれて言いたいことが言えて
みんなも受け入れてくれて
なんて楽しいんだろ

しかし
両親は激怒
ドン
子どもが
何してんだ
あんた将来
犯罪者になるよ
あんな子と
つきあうの
やめなさい
…
何とか言え！
親をバカに
してんのか⁉
ホラ優美
自分でも悪いって
わかってるじゃない！
親の前では
何も言えない
私のままです――…
結局半年で
おとなしい生徒に
戻りましたが
なぜかだんだん
朝起きられなく
なって
学校にも
行けない日が
増え
中3の2学期から
まったく通えなく
なってしまいました
体が
動かない

ドンッ
バタンッ
また学校
行かねえのか
行けよ
なんで
行かねえんだ
なんでって
言われても
自分でも
わからない…
こっちは
誰のために
働いてると
思ってんだ
なんとか入れた
私立高校も
1か月しか行けず
留年か
退学かを
迫られた時
父が
俺はもう
家族のために働くのが
アホらしくなったから
仕事辞める
お前にも学校
辞めてもらう

優美が
お父さん
追いつめたのよ
お父さん
いっぱい
いっぱい
だったのに
優美が
裏切ったから
私のせい――――…
父は毎日
家にいるように
なりました
あはははは
優美どうせ
定時制にも
行けないでしょ
バイトして
だらしない生活
立て直しなさい
…うん

私はバイト
母はパートを3つ
かけもち
このくらい
できた方が
いいよ
今日は
布団干してね
はじめは母が
ご飯を作って
いましたが
疲れてムリって
お父さんに
言ったわ
じゃあ私が
やらなきゃ
時々
親戚からも
電話があり
家事は
女の仕事
あんたが
しっかり
しなさいよ
お母さんのため
家のため
女なんだし
バイトの合間に
掃除 洗濯
お父さん
均等に干さないと
キレるから…
濡れてる布巾は
お母さんが怒る
弟の制服
アイロンかけて
ご飯作って
お風呂…
何から
片づければ
みんなが
不快に
ならないか
瞬時に
判断して

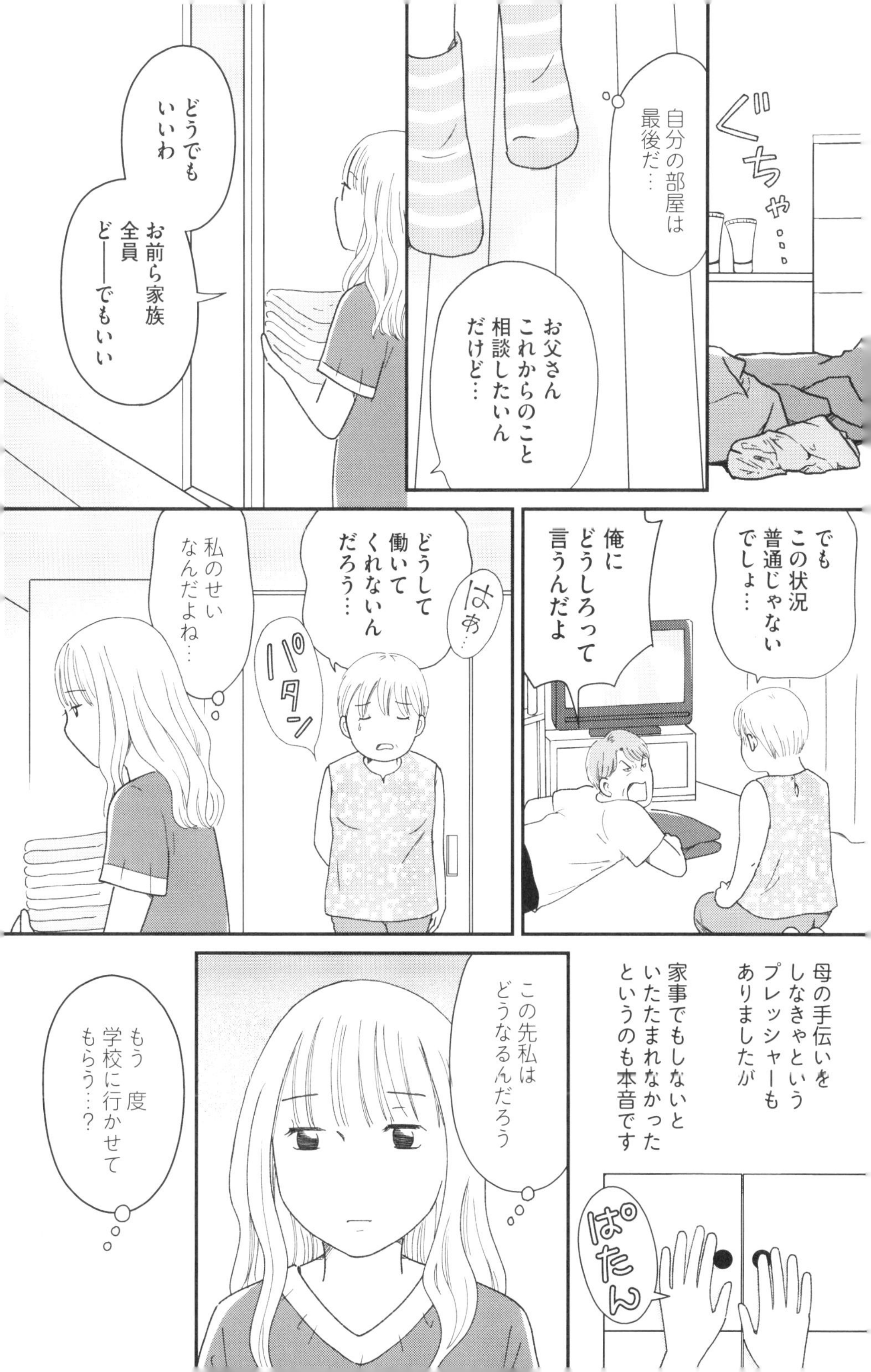

ぐちゃ…
自分の部屋は最後だ…
お父さん これからのこと相談したいんだけど…
どうでも いいわ
お前ら家族 全員 ど———でもいい
でも この状況 普通じゃないでしょ…
俺に どうしろって 言うんだよ
はぁ…
どうして 働いて くれないんだろう…
パタン
私のせいなんだよね…
母の手伝いをしなきゃというプレッシャーもありましたが
家事でもしないといたたまれなかったというのも本音です
ぱたん
この先私はどうなるんだろう
もう一度学校に行かせてもらう…?

きゅっ
四方八方
壁に塞がれて
どこにも行けない
みたいな毎日
転機が訪れたのは
23歳の時
やっぱ このままじゃ ダメだよ！
政権が変わって
公立高校が無償化された時
中１の時の
あの友達が
誘ってくれて
お互い 高校くらい 出とこーや
通信制高校に
通う決意を
したのです
レポートを
提出しながら
週に3日
2時間の授業
普通校と違って
サボれないので

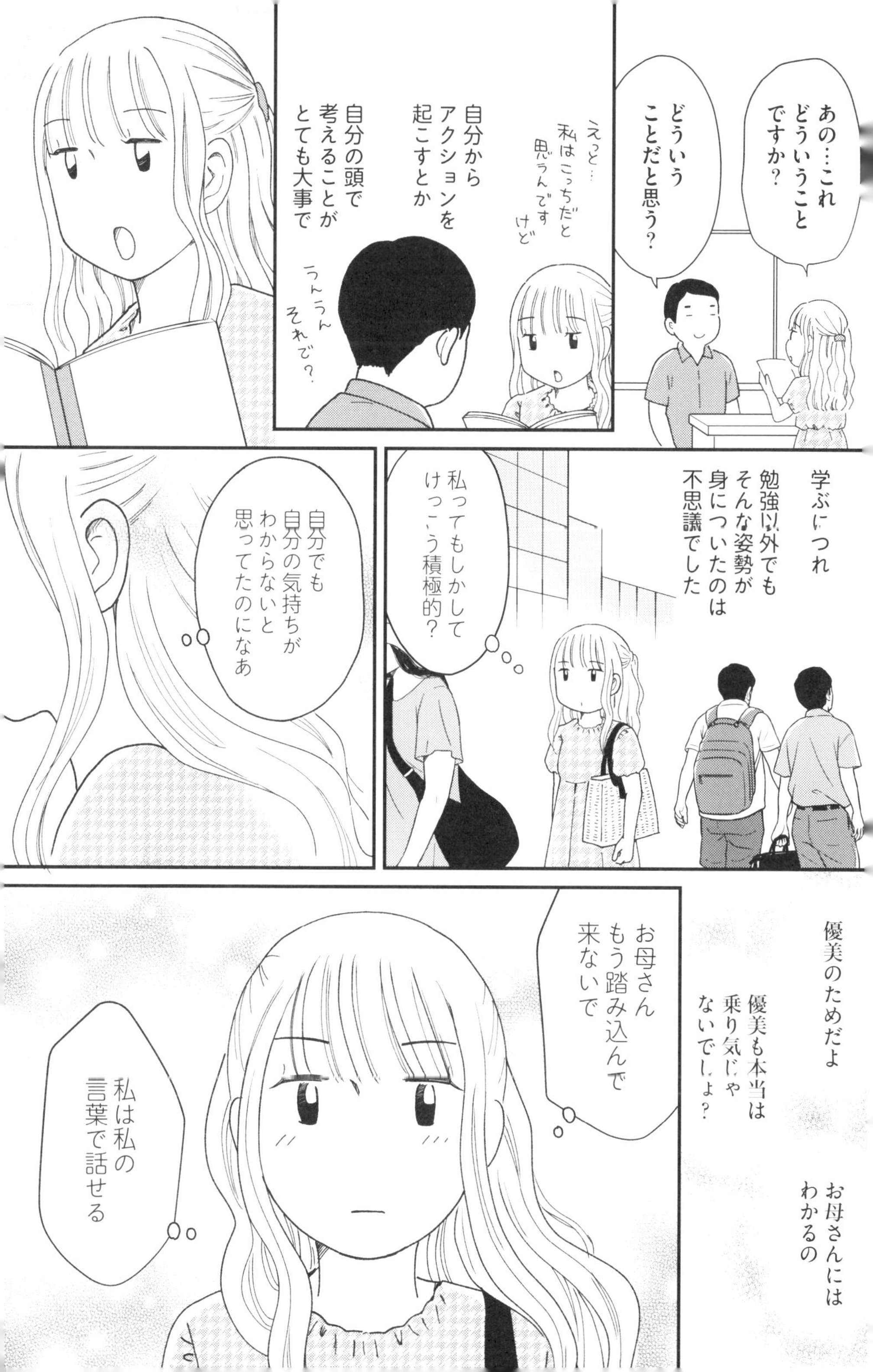
あの…これどういうことですか?
どういうことだと思う?
えっと…私はこっちだと思うんですけど
うんうんそれで?
自分からアクションを起こすとか
自分の頭で考えることがとても大事で
学ぶにつれ勉強以外でもそんな姿勢が身についたのは不思議でした
私ってもしかしてけっこう積極的?
自分でも自分の気持ちがわからないと思ってたのになあ
優美のためだよ
優美も本当は乗り気じゃないでしょ?
お母さんにはわかるの
お母さんもう踏み込んで来ないで
私は私の言葉で話せる

28歳で高校を卒業
契約社員を経て数年前正社員として就職できました
今も実家に住んでいますが父とは顔を合わせていません
ようやく働き出してはいるみたいです
母とは表面上は仲良くしていますが
お父さん帰ってくるからご飯やらなきゃ
いつまで面倒みるのやら…
でも昔はそれが当たり前だったんだよね
私が女だからってされてきたこともお母さんだけが変なんじゃなくて
時代のせいもあった
最近フェミニズムに触れてうちの問題の解像度が少しあがりました
だけどやっぱりお母さんには管理じゃなくてサポートしてほしかったし
お母さん自身がもっと幸せでいてほしかったな
今は主な家事は専業主婦になった母がしています

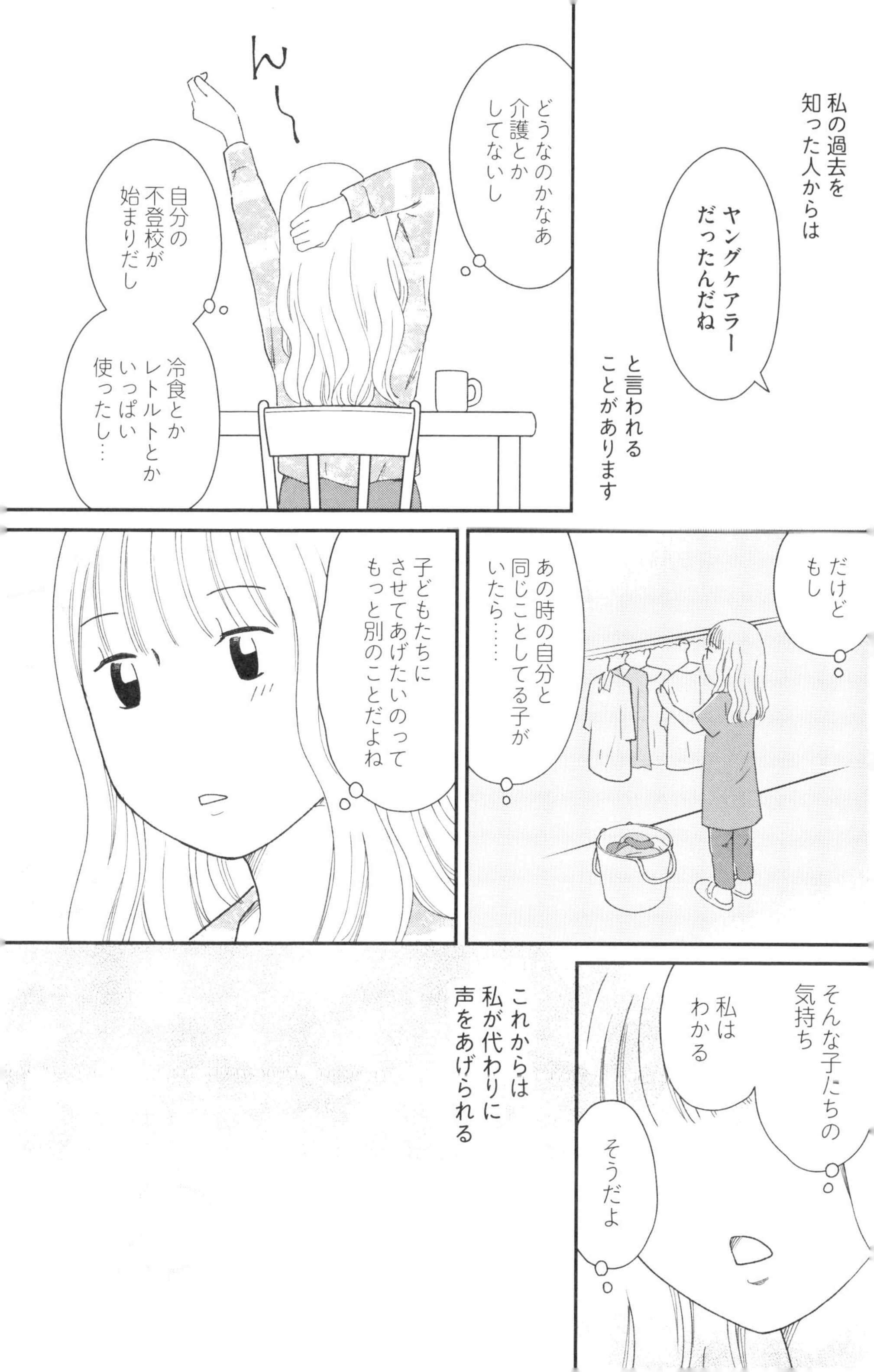
私の過去を知った人からは
ヤングケアラーだったんだね
と言われることがあります
んー
どうなのかなあ介護とかしてないし
自分の不登校が始まりだし
冷食とかレトルトとかいっぱい使ったし…
だけどもし
あの時の自分と同じことしてる子がいたら……
子どもたちにさせてあげたいのってもっと別のことだよね
そんな子たちの気持ち
私はわかる
そうだよ
これからは私が代わりに声をあげられる

最近は
市民の声を
聞いてくれる
議員さんの
応援をしたり

ボランティアを
したりして
います

うっすらと
ギリギリ
記憶に残ってる
母が掃除機をかける姿
あれは
いつだったのか

CASE.9

児童虐待

|子どもの声を聴く人|

川《かわ》瀬《せ》信《しん》一《いち》の場合

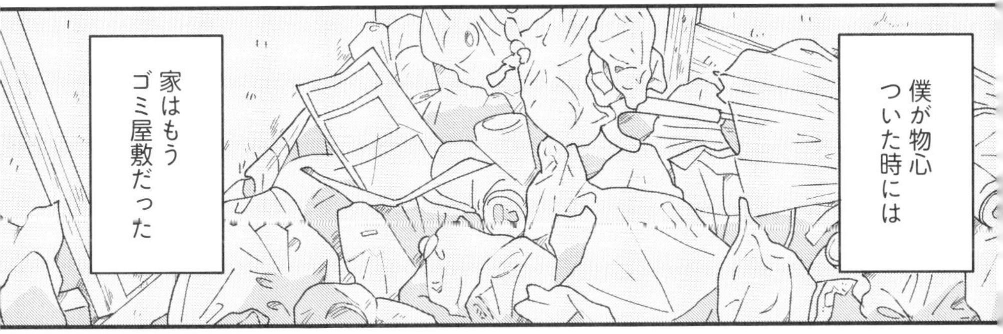
僕が物心
ついた時には
家はもう
ゴミ屋敷だった

児童虐待

親や養育者が子どもの基本的な権利やニーズを無視、あるいは故意に害を与える行為で、暴力をふるうなどの身体的虐待、性的虐待、心理的虐待、ネグレクト（育児放棄）が含まれる。子どもの身体的健康や精神的発達に深刻な影響を与え、社会的適応を妨げ、子どもの安全と幸福を脅かす行為であり、早期の発見と適切な支援や介入が極めて重要である。

ズル…
ズル
ズル
ズル
ただいまー
ペタ
ペタ
千葉県某市の
団地に住んでた
僕たち家族
おかえりー
信一
アレ
わかった？
これだよね？
夜用ナプキン
幼稚園児の頃から
買い物は僕の仕事
母はまったく家事が
できなかったから
ゴミで
溢れた部屋
買いもののごほうびね
バリ
バリ
ポテチ
風呂場も
使えない
寝るのは
ゴミの上に
ボロ毛布を敷いて
なのに
ピアノがあって
絶対近所迷惑
つまり母は
思いついたことを
すぐやってしまう人

僕も突然
2週間
西日本の旅に
連れていかれたり
鹿児島〜京都〜石川
グラスボート
キャンプ道具も
ないのに
キャンプ
させられたり
びしょびしょ
ブルーシート
レジャーシート
しばらく
ドヤ街で生活した
こともある
御宿泊
全部屋
1泊 千円
こういう時
父はいなかったから
夫婦仲はもともと
良くなかったんだろうな
父は父で
僕を連れ出して
くれたけど
ZOO
ただいま…
お寿司
買ってきたよ
メリークリスマスー
何時だと
思ってんのよ
ガシャ
父の方が小柄で
母には全然
勝てなかった
僕が小2の時
母が妊娠
ゴミの中じゃ
赤ん坊は
育てられないと
市内の別の地域に
引っ越した
角川荘

団地や学校の友達と
離れるのは
さびしかったし
なんで
こんな理由で
引っ越さないと
いけないんだ…
うちって変かもと
思い始めた
弟が生まれたって
新しい家もすぐに
ゴミで溢れたしさ
毎朝父は
勤めてるスーパーの商品券を
こっそり僕の枕元に置いてく
母に渡すと
使っちゃうからね
500
スーパー
僕はそれで
ご飯を食べる
500
スーパー
母は
育児ストレスも
あって
暴力もふるい
どうしてそう
落ち着きが
ないの!
ドッス
ちょっとは
いうこと
聞きなさいよ!
ガッ
ぴゅーー

こんなこともよく起こるから
ぱっ
オムツ
小4くらいからは放課後ゲーセンで父を待った
両替
信一
ふたりで時間をつぶし銭湯に入って夜10時くらいに帰る
母が起きてる時間に帰るのは父も怖かったみたいだ
ほかの子はこんな生活送ってないのに
う〜っ
なんで普通の家じゃないんだー!!
家に誰もいない時は布団に顔を押し付けて絶叫してた
近所にはバレないようにしながら

それでも気づく人は気づくもの
久しぶりに引っ越し前の友達の誕生会に呼ばれた帰り
何時だと思ってんの
ばしゃっ
わっ
不幸中の幸いでシチューは冷めてたけど
風呂場も使えないし
キッチンで流したりタオルで拭いたり…
その翌日
カピ
カピ
ぷ〜ん
川瀬くん頼みがあるの
ちょっとおいで
はい？
シャワー浴びてきなさい
シャワー室
え
着替えもあるから
この先生はクラブの試合の時も僕のお昼を用意してくれたりした
そっ
僕がお弁当を持って来られないこともわかってたんだろうな

学校が通報したのかその後児童相談所に一時保護された
児童相談所
1か月で帰されたけど
それからも定期的に心理司さんと面会するようになって
元気？
小6で再保護された時には
信一くんはどうしたい？
…家を出たい
それが信一くんの望みなんだね
それなら施設と里親さんとどっちがいい？
……友達を自分の家に呼びたいから…
僕に選択肢をくれたのがうれしかった
どんな事情か弟は保護されず
僕だけが里親家庭に引き取られた
だけど今までまともな生活をしたことがなかったから
水やりもできないの…？
しょ〜
雨戸は夜に閉めるもんだぞ
昼に…
窓すら開かない家だったので何のために雨戸があるのか知らなかった
あなたが来てからうちの水道代2倍よ！どうしてくれるの!?
じょ〜
お湯出しっぱなし
銭湯と同じ使い方してた

あなた
よっぽど
お金持ちの家で
育ったのね
嫌味
僕の家のこと
知らないんだ
ホッ
嫌味と
わからず
じゃあ
普通の子みたいに
ふるまわなきゃ
言いたいことを
言えず
欲しいものを
ねだれず
当時みんなが
持っていたペンを
万引きしてしまった
結果
即バレして
ばちん
貯金箱の金も
盗っただろ!
お前の行動は
カメラで撮ってるから
全部わかってんだよ!
里親家庭には
4か月しか
いられなかった
でも
100%
自分が悪いし
里親選んだのも
自分だし
強制じゃなく
自分で決めたことだから
事実を受け入れられた

それに児相では
なんでうまくいかなかったんだろうね
何が普通かわからない…
そう伝えた？
ふるふる
信一くん苦手なこと苦手って言うの苦手かな？
大人たちは僕の話をちゃんと聴いてくれた
その後はぐ犯少年(※)や触法少年など生活の指導が必要な子どもが入る児童自立支援施設に移ることに
※まだ罪を犯していないが、性格や環境に照らして、将来犯罪を犯すおそれがある少年のこと
僕は生活の仕方を学びながら
ぶろ〜
ざく
〝聴いてもらえる体験〟をどんどん重ねた

1年後
児童養護施設に
移ることに
中学には
あまり
行かなかった
代わりに
施設の子は
イジられる
学園!
めんどくさ…
子どもと遊ぶ
ボランティアに
ハマった
誰も生い立ち
聞いてこな～い!
ワー
ワー
高校生活は
部活
スーパーのバイト
ボランティアと
マッハで過ぎ——
——るかと
思ったら!
え!?
2000万だって!?
野球部
マジか
うん
母に多額の遺産が入って
弟を連れて
家を出て行ったと
父から…
その頃
僕は大学の推薦が
決まっていて
18歳になったら
施設出るし
ひとり暮らしで
金に苦労するよりも
父と暮らすかあ
ぱちん
大学入学と同時に
久々に実家に
帰ったのだった
きれいに
してんじゃーん

だけど その 2か月後だよ！
お金 使いきっちゃった
あー 疲れたー
どかっ
ポイッ
さっ
さっ
GAME
大学に 行く気も なくなったよね

ところが 定期的に顔を出してる 児童相談所に
偶然 児童自立支援施設の 職員さんが 異動になっていて
信一くん!
国立大学 行ったんだって? すごいじゃん
今はどこに 住んでるの?
実家です…
これだけで 僕の危機を 察知したのは さすが
僕の分の遺産を 守ってくれていた 伯父 伯母と 協力して
ひとり暮らしと 大学の費用を確保
高校生の時 貯めてたバイト代と 少額の民間奨学金で なんとかしてた
おじ
おば
ゴミ部屋から 僕の荷物をピックアップして 引っ越しができるようにし
窮地から 脱出させてくれた
当時の僕は よくわかって いなかったけど
今ふり返れば ギリギリのところ だったと思う
その後 母から…
信ちゃん お金ない〜
施設育ちの子は 親に泣きつかれると 奨学金を貸してしまって
中退したり 借金だけが 残されたり することも 多いんだけど

プツー
母とはこれで絶縁した
父とは大学院に進む時に
息子をよろしく
親として申し訳ないとか息子を見てくれてありがとうとかじゃないの…?
…仕方ないか母と弟と三人で限界のバランス…
今さら僕が入ったら崩れちゃうんだろうな
恨みもしないけど以降会っていない
弟はまともに顔も見せてくれず
こちらが縁を切られたみたいな形になっていて心残りではある…
そりゃそうだよな…置いてってたみたいになっちゃったし…
それから紆余曲折いろいろあった末に
昔いた児童自立支援施設内の中学校で教師になった
ゴロッ

先生 俺もう 人の悪口 言わねえ
おお どうして そう思った？
ムカつく奴でも 俺がこの じゃがいも 育てるみたいに 誰か…
…それが 親じゃなくてもさ
誰かが大事に 育ててるんだろ？
じゃがいもの 悪口言われたら 俺 悲しいし
だからもう 悪口言わねえ
うん いいね
里親家庭や 施設で育って 教師になった人が 珍しかったからか
いろんなところに 講演に呼ばれて
自分でも いろいろと 勉強した
教師の仕事は 数年で赴任地が 変わるから 次はきっと 普通校だろう
僕より 適任な先生は いっぱいいるし
僕にしか できないことが したい

それで教師を辞め
数年前に立ち上げていた「子どもアドボカシー」団体の仕事に専念することにしたってわけ
一般社団法人子どもの声からはじめよ
アドボカシーとは
自分の意見を表明することが難しい人の声を聴いて
一緒に声をあげたり代弁したりするサポートのこと
子どもや
高齢者や
障害者など
どんな状況の子どもにも
身近に声を聴いてくれる大人がいてほしい
その思いでこども家庭庁の参与として
困難に直面している子どもや若者の声を聴き
政策に提言したりもしてる
だって僕が大人に助けられてきたからね
子どもの願いを尊重する社会がいい
だから皆さん一緒にやっていきましょう

結婚して
自分の子どもも
できた
会議参加中
きゃう
仕事の仲間みんなに
可愛がってもらって
成長中！

BANK
CREDIT CARD

あとがき

最後までお読みいただき、ありがとうございました。マンガを描いた菊池真理子です。九つの物語、皆さまはどんなふうに読んでくださったでしょうか。

毒親という言葉が流行って以降〝家族〟はちょっとだけ、要注意ワードになったような気がします。親との関係に苦しむ人たちが大勢いることが知られて、家族が過剰に美化されることも、ほんの少し減りました。もちろん問題は親子間だけでなく、夫婦間や兄弟姉妹間など、いろんなところにも転がっています。外では犯罪になるようなことすらまかり通ってしまう家がたくさんあることがわかって〝家族〟という言葉を、注意して使う人も増えました。

だけど家族の問題って、本当に家族だけの問題なんでしょうか？

実は原因のいくつかは、家族の外にあったりしないでしょうか？

家族だけが抱えているせいで、問題が大問題にまで発展しちゃったのかもしれないし、本当は問題じゃないことだって、あるかもしれません。

だからこのマンガのタイトル『うちは「問題」のある家族でした』の〝問題〟は、かぎかっこつきです。それぞれの家族の問題が、なぜ問題になっているのか、立ち止まって考えたかったのです。

かく言う私の家族も〝問題〟がありました。父はアルコール依存症、母は宗教にハマっていて、私はネグレクト気味に育てられています（詳しくはこれまで出した本に描いていますので、ご興味があればぜひ）。家の中はめちゃくちゃでしたが、恥ずかしくて誰にも言えず、どうすればいいのか、家族の誰も知りませんでした。本当は外にちゃんと相談できるところがあったのに。

だから思うんです。家族の問題は、家族じゃない人が一緒に考えないと、って。じゃないと、困っている家族はずっと困ったまま。〝問題〟はいつ誰の身に降りかかるかわからないのだし、みんなで当たるに越したことはない、って。

さて。ここからは、マンガに描ききれなかったエピソードとともに、お話を聞かせてくださった方々へのお手紙を書かせてください。

まずはクレバーで鋭い、黒川摩耶さん。子どもに標準医療を受けさせないのは虐待だと言い切ったお姿、ポスターにしてほしいくらい凛々しかったです。反医療を信奉する父親に育てられて薬剤師になるというのは、かなりの強行突破ですよね。つらい体験を重ねられたのに、黒川さんのこの底力。お話をうかがいながら、スカっとしてしまいました。

すべてが丁寧な、雪代すみれさん。今回、自分の勉強不足を一番痛感したのが、雪代さんのお話を描かせていただく時でした。私の友達もきょうだい児ですが、彼女が時々ポツリと漏らす苦悩に、なんと答えていたのか思い出せません。きっと的外れなことを返していたのでしょう。雪代さん、これからもたくさんのことを教えてください。

行動力のかたまりの、朝比ライオさん。「マルチ被害をなくす会」設立のために、被害者100人への取材を敢行するなんて、並大抵の覚悟ではできません。家族を助けてくれた伯母を救うのが原動力との言葉も、印象的でした。誰かのために動ける人って、やっぱりすごい。朝比さんを頼りにするマルチ2世、どんどん増えることでしょう。

なんでも言語化できちゃう、ヒオカさん。媚びない装いから、強い女の代表みたいに紹介されていることもありますが、お会いしたらとても繊細な方でした。確かにあの思慮深い文章は、繊細な人が練らなくては出てこないものでしょう。弱い立場の人々を勇気づけるのに、ヒオカさんほどの適任者はいません。時代を変えていく人だと思っています。

とにかく明るい、飯島崇さん。問題のある家族の話になると、ともすれば「離れるのが正解」の一点張りになりがちです。けれど飯島さんの現在に、誰もNOは言えません。当事者の選択が、その時点の最適解なのだと思います。妻に巻き込まれない適度な距離感も、いろいろな人の参考になりそうです。きちんと人生を楽しまれている姿も素敵でした。

過去が信じられないくらい穏やかな、にさごさん。私、加害者は変わらないと思っていました。でもにさごさんが「身体的暴力も当然ひどいことですが、僕が彼女を人として尊重していなかったことをメインに描いてほしいです」とおっしゃられた時、ああ、人って本当に変われるんだと知りました。きっとこの先も忘れることのない、感動の瞬間でした。

しっかり者とお見受けする、ちまこさん。時々涙される姿に、傷の深さを思います。それでも今のおふたりの関係性は、にさごさんの変化はもちろんですが、ちまこさんが筋を通したことで勝ち取ったように見えました。関係が修復されたからではなく、ちまこさんの選択と存在そのものが、たくさんのDV被害者たちの希望の先例です。

タフで優しい、安井昌子さん。家族に問題が起こると、親ばかりが責められがちな昨今、つらい思いをたくさんされたのではないかと思います。依存症の誤解、解いていきたいですね。自助グループの力も、とくと教えていただきました。仲間から受けた恩を、困っている人に恩送りしたいとおっしゃった優しい声が、広く届きますように。

落ち着いて聡明な、町田優美さん。一番多く描き直したのが、町田さんの回でした。ついわかりやすくまとめそうになる私に「違います」ときちんと伝えてくださった町田さん。言いにくいこともあったでしょうに……すみません。自分の意見を言えないとおっしゃっていたのに、どんどん素敵に変わられているんだなあと、うれしく思っていました。

とってもフレンドリーな、川瀬信一さん。今回、真っ先にお話をうかがいたいと思ったのが、川瀬さんでした。にこやかで気さくで、一気に相手の心を開いちゃう川瀬さんが、日本の子どもたちのために活動してくださっているなんて、心強いことこの上ありません。まさに川瀬さんにしかできないことをされているのですね。

それから最後に、編集ハタノさん。前作『毒親サバイバル』同様、大変お世話になりました。相変わらずの菩薩の微笑みに、ずいぶん助けられました。またいろんな話をしましょう。

あらためて、つらい体験を共有してくださった皆さまにお礼を申し上げます。皆さまのお話が、きっと誰かの助けになります。

そして読んでくださった方々にも、最大限の感謝を。どこかで出会ったら、あなたの話も聞かせてください。

2024年11月　菊池真理子

関連団体・書籍情報

ここでは、取り上げたテーマに関連する書籍や、相談、情報発信を行っている
団体の一部を紹介いたします。これらは2024年10月時点での情報であり、
他にも多くの相談先や支援団体、関連書籍が存在します。紹介している情報は
参考としてお使いいただけますが、書籍の内容、各団体やサービスの
利用についてはご自身の判断でお願いいたします。
当社では、これらの団体やサービスに関しての
責任は負いかねますので、ご了承ください。
掲載順は順不同です。

関連団体

ギャンブル依存症

依存症対策全国センター

公益社団法人ギャンブル依存症問題を考える会

NPO法人 全国ギャンブル依存症家族の会

一般財団法人
ギャンブル依存症予防回復支援センター

GA日本インフォメーションセンター＜JIC＞

一般社団法人 ギャマノン日本サービスオフィス

ヤングケアラー

24時間子供SOSダイヤル

児童相談所 相談専用ダイヤル

子どもの人権110番

一般社団法人ヤングケアラー協会

一般社団法人　日本ケアラー連盟

認定NPO法人D×P（ディーピー）

一般社団法人ケアラーアクションネットワーク協会

ヤングケアラーのひろば

日本財団
ヤングケアラーと家族を支えるプログラム

児童虐待

児童相談所 虐待対応ダイヤル「189」

24時間子供SOSダイヤル

子どもの人権110番

認定NPO法人 児童虐待防止協会

社会福祉法人 子どもの虐待防止センター

子ども虐待防止　オレンジリボン運動
（認定NPO法人児童虐待防止全国ネットワーク）

一般社団法人子どもの声からはじめよう

きょうだい児

全国障害者とともに歩む兄弟姉妹の会

Sibkotoシブコト｜障害者の
きょうだい（兄弟姉妹）のためのサイト

NPO法人しぶたね

一般社団法人日本きょうだい福祉協会

きょうだい支援を広める会

マルチ2世

マルチ被害をなくす会

日本脱カルト協会

貧困

認定NPO法人カタリバ
（認定特定非営利活動法人カタリバ）

認定特定非営利活動法人Learning for All

特定非営利活動法人
自立生活サポートセンター・もやい

認定特定非営利活動法人キッズドア

一般社団法人
全国子どもの貧困・教育支援団体協議会

DV

DV相談＋

DV相談ナビ＃8008（はれれば）

GADHA

NPO法人レジリエンス

一般社団法人ウェルク

特定非営利活動法人女性ネットSaya-Saya

特定非営利活動法人　ウィメンズネット「らいず」

特定非営利活動法人　全国女性シェルターネット

特定非営利活動法人 DV対策センター

書籍情報

貧困

『子どもと女性のくらしと貧困』
中塚久美子:著（かもがわ出版）

『体験格差』今井悠介:著（講談社）

『死ねない理由』ヒオカ:著（中央公論新社）

『死にそうだけど生きてます』ヒオカ:著
（CCCメディアハウス）

『コロナと女性の貧困　2020－2022』
樋田敦子:著（大和書房）

『世界と比べてわかる 日本の貧困のリアル』
石井光太:著（PHP研究所）

『子どもの貧困対策と教育支援――より良い政策・連携・協働のために』末冨芳:編著（明石書店）

陰謀論

『陰謀論からの救出法 大切な人が「ウサギ穴」にはまったら』ミック・ウェスト:著　ナカイサヤカ:翻訳
（あけび書房）

『陰謀論とニセ科学 -あなたもだまされている-』
左巻健男:著（ワニブックス）

『あなたを陰謀論者にする言葉』雨宮純:著
（フォレスト出版）

DV

『Q＆A　DV被害者サポートブック』
配偶者暴力（DV）問題研究会:編著（ぎょうせい）

『99%離婚 モラハラ夫は変わるのか』
龍たまこ:漫画　中川瑛:原作（KADOKAWA）

『99%離婚 離婚した毒父は変われるか』
龍たまこ:漫画　中川瑛:原作（KADOKAWA）

『孤独になることば、人と生きることば』
中川瑛:著（扶桑社）

『DVはなおせる!　加害者・被害者は変われる』
栗原加代美:著（さくら舎）

『加害者は変われるか?　DVと虐待をみつめながら』信田さよ子:著（筑摩書房）

反医療

『エデュケーション ―大学は私の人生を変えた―』
タラ・ウェストーバー:著　村井理子:訳（早川書房）

『科学的根拠をもとに解説　新装版「ニセ医学」に騙されないために』名取宏:著（内外出版社）

『健康を食い物にするメディアたち ネット時代の医療情報との付き合い方』朽木誠一郎:著
（ディスカヴァー・トゥエンティワン）

きょうだい児

『自分らしく、あなたらしく　きょうだい児からのメッセージ』高橋うらら:著（さ・え・ら書房）

『きょうだい児　ドタバタ　サバイバル戦記
カルト宗教にハマった毒親と障害を持つ弟に翻弄された私の40年にわたる闘いの記録』
平岡葵:著（講談社）

『きょうだいの進路・結婚・親亡きあと　50の疑問・不安に弁護士できょうだいの私が答えます』
藤木和子:著（中央法規出版）

『「障害」ある人の「きょうだい」としての私』
藤木和子:著（岩波書店）

『人生バイプレイヤー　きょうだい児を生きる』
中澤晴野:著（文芸社）

『きょうだい　障害のある家族との道のり』
白鳥めぐみ、諏方智広、本間尚史:著（中央法規出版）

『障がいをもつこどもの「きょうだい」を支えるお母さん・お父さんのために』遠矢浩一:編集
（ナカニシヤ出版）

マルチ2世

『妻がマルチ商法にハマって家庭崩壊した僕の話。』ズュータン:著（ポプラ社）

『マルチ商法に関する悩みを全て解決する本
断り方・辞め方・辞めさせ方・リスク・失敗した後の再起方法』Dr.ヒロ:著（電子書籍版）

『マルチの子』西尾潤:著（徳間書店）

『いつのまにか自分の幸せは、マルチにとって都合のいい幸せに書き換えられていた。』
夢子:著（金風舎）

『なぜ、人は操られ支配されるのか』
西田公昭:著（さくら舎）

書籍情報

ギャンブル依存症

『〈改訂版〉家族のためのギャンブル問題完全対応マニュアル』田中紀子:著（アスク・ヒューマン・ケア）

『ウルトラ図解 ギャンブル依存』樋口進:監修（法研）

『専門家と回復者に聞く 学校で教えてくれない本当の依存症』風間暁:著
田中紀子、松本俊彦:監修（合同出版）

『ギャンブル依存症』田中紀子:著（KADOKAWA）

『誤解だらけの「ギャンブル依存症」当事者に向き合う支援のすすめ』
中村努、高澤和彦、稲村厚:著
認定NPO法人ワンデーポート:編（彩流社）

『ギャンブル障害回復トレーニングプログラム（SAT-G）活用ガイドブック』松本俊彦:監修
小原圭司、佐藤寛志:編著（中央法規出版）

『祖父・父・夫がギャンブル依存症！ 三代目ギャン妻の物語』田中紀子:著
ワタナベチヒロ:漫画（高文研）

ヤングケアラー

『ヤングケアラーの理解と支援　見つける・理解する・知ってもらう』仲田海人:編著者代表
門田行史:編著（学事出版）

『図解ポケット ヤングケアラーがよくわかる本』
飯島章太:著（秀和システム）

『田嶋先生に人生救われた私がフェミニズムを語っていいですか!?』田嶋陽子、アルテイシア:著
（KADOKAWA）

『私だけ年を取っているみたいだ。ヤングケアラーの再生日記』水谷緑:著（文藝春秋）

『48歳で認知症になった母』吉田美紀子:漫画
美齊津康弘:原作（KADOKAWA）

『アダルト・チルドレン　自己責任の罠を抜けだし、私の人生を取り戻す』信田さよ子:著（学芸みらい社）

『ヤングケアラー――介護を担う子ども・若者の現実』
澁谷智子:著（中央公論新社）

児童虐待

『親が悪い、だけじゃない 虐待経験者たちのREAL VOICE』山本昌子:著（KADOKAWA）

『児童精神科の看護師が伝える 子どもの傷つきやすいこころの守りかた』こど看:著（KADOKAWA）

『子ども若者の権利とこども基本法』
末冨芳:編著・監修　秋田喜代美、宮本みち子:監修
（明石書店）

『日本の児童相談所　子ども家庭支援の現在・過去・未来』川松亮、久保樹里、菅野道英、田﨑みどり、田中哲、長田淳子、中村みどり、浜田真樹:著（明石書店）

『虐待を受けた子どものアセスメントとケア　心理・福祉領域からの支援と協働』
鵜飼奈津子、服部隆志:編著（誠信書房）

『行列のできる児童相談所　子ども虐待を人任せにしない社会と行動のために』井上景:著（北大路書房）

『児童虐待から考える 社会は家族に何を強いてきたか』杉山春:著（朝日新聞出版）

PROFILE

菊池真理子

MARIKO KIKUCHI

東京都生まれ、埼玉県在住。
アルコール依存症の父との関係を描いた
『酔うと化け物になる父がつらい』(秋田書店)、
毒親から生き延びた10人を取材した
『毒親サバイバル』(KADOKAWA)、
宗教２世の現実を世に問うた
『「神様」のいる家で育ちました ～宗教2世な私たち～』
(文藝春秋)など、
ノンフィクションコミックの話題作を
多数手がける。

STAFF

ブックデザイン
名和田耕平＋澤井優実＋三代紅葉
(名和田耕平デザイン事務所)

校正
藤田桃香

DTP
小川卓也
(木蔭屋)

編集
ハタノ

うちは「問《もん》題《だい》」のある家《か》族《ぞく》でした

2024年11月20日　初版発行

著　者 ——— 菊《きく》池《ち》真《ま》理《り》子《こ》

発行者 ——— 山下直久

発　行 ——— 株式会社KADOKAWA
〒102-8177　東京都千代田区富士見2-13-3
電話 0570-002-301（ナビダイヤル）

印刷所 ——— TOPPANクロレ株式会社

製本所 ——— TOPPANクロレ株式会社

●お問い合わせ　https://www.kadokawa.co.jp/（「お問い合わせ」へお進みください）
※内容によっては、お答えできない場合があります。
※サポートは日本国内のみとさせていただきます。
※Japanese text only

定価はカバーに表示してあります。

ISBN 978-4-04-607050-0　C0095